广东省高等教育学会"十四五"2021年度重点课题《高职教育服务珠三角乡村振兴战略研究》（21GZD10）
东莞市社会科学界联合会常规课题《职业教育服务东莞乡村振兴战略的路径研究》（2022CG24）

高职教育服务
中国特色乡村振兴战略研究

肖 霞 ◎ 著

天津出版传媒集团
天津科学技术出版社

图书在版编目（CIP）数据

高职教育服务中国特色乡村振兴战略研究 / 肖霞著. -- 天津：天津科学技术出版社，2022.11
ISBN 978-7-5742-0630-4

Ⅰ.①高… Ⅱ.①肖… Ⅲ.①高等职业教育–关系–农村经济建设–经济发展战略–研究–中国 Ⅳ.①G718.5②F323

中国版本图书馆CIP数据核字(2022)第197521号

高职教育服务中国特色乡村振兴战略研究
GAOZHI JIAOYU FUWU ZHONGGUO TESE XIANGCUN ZHENXING ZHANLÜE YANJIU

责任编辑：宋佳霖

责任印制：兰　毅

出　　版：	天津出版传媒集团 天津科学技术出版社
地　　址：	天津市西康路35号
邮　　编：	300051
电　　话：	（022）23332490
网　　址：	www.tjkjcbs.com.cn
发　　行：	新华书店经销
印　　刷：	定州启航印刷有限公司

开本 710×1000　1/16　印张 11　字数 200 000
2022年11月第1版第1次印刷
定价：68.00元

前言 preface

乡村振兴是一项关系国计民生的重大工程，乡村振兴战略有五个具体路径，即推动乡村产业振兴、乡村人才振兴、乡村文化振兴、乡村生态振兴和乡村组织振兴。《中共中央 国务院关于实施乡村振兴战略的意见》（以下简称《意见》）在强化乡村振兴人才支撑中明确提出："支持地方高等学校、职业院校综合利用教育培训资源，灵活设置专业（方向），创新人才培养模式，为乡村振兴培养专业化人才。"《乡村振兴战略规划（2018—2022年）》明确了我们应全面建立职业农民制度，培养新一代爱农业、懂技术、善经营的新型职业农民，优化农业从业者结构。实施新型职业农民培育工程，支持新型职业农民通过弹性学制参加中高等农业职业教育。由此可见，职业教育在乡村振兴战略中发挥着重要的人才支撑作用。就全国范围而言，珠江三角洲（简称"珠三角"）乡村产业结构多样，经济发展领先，对高素质高技能人才的需求更大，因此，高职教育对珠三角乡村振兴战略实施具有更加突出的作用。

本书选取乡村振兴战略实施中个性鲜明的珠三角作为研究对象，通过较大规模的问卷调查和实地访谈，力图通过对高职教育在乡村振兴战略中实施的现状以及乡村振兴建设对高职教育的需求的生动把握，以深化高职教育服务乡村振兴建设的相关探讨为目的，以期从中找出问题，提出具有一定价值的政策建议。本书的主要内容由引言、高职教育服务乡村振兴战略的理论支撑、广东省高职教育的发展情况、高职教育服务珠三角乡村振兴战略的基本现状、高职教育服务珠三角乡村振兴战略的供需分析、乡村振兴战略背景下珠三角高职教育的发展思路、推动高职教育服务乡村振兴战略的思考七个部分构成。

研究主要有如下发现。

1. 珠三角乡村振兴需要高职教育的介入

一是在经济社会发展格局上，作为我国改革开放的先行区，珠三角已经形成以第二、三产业为主体，城镇化水平相当高的总体经济社会发展格局，但农业效益比较低；二是从经济社会发展趋势的角度看，珠三角农村地区对高职教育的需求主要集中在非农产业和工商管理领域，农村劳动力的专业化和职业化程度较低，实施乡村振兴战略、实现城乡统筹发展必然要求职业教育尤其是高职教育在培养新型劳动力方面积极介入和提供服务。以上两方面是高职教育服务珠三角乡村振兴战略的现实基础和逻辑起点。

2. 高职教育对珠三角乡村振兴战略服务不足

户籍人口中接受过高职教育的人口回农村工作比例低和在农村就业时专业不对口现象突出；高职教育与农村开展项目合作比例较低、为村民提供培训的机会较少；高职教育对农村影响程度较大，主要影响着农村经济发展和乡风文明的改善；对高职教育服务乡村振兴战略的评价呈现出满意度较高和信心较低的矛盾心态。

3. 珠三角乡村对高职教育的社会认同度低

整体上，珠三角农村居民对高职教育的了解程度较低；对高职教育的地位、高职教育发展现状、高职教育促进乡村振兴战略的作用认同度均比较低；对高职院校地位的合法性和设置的必要性、高职院校教师的职业能力、高职院校生源质量等方面均持怀疑态度。高职教育在办学方向、服务农村意识、教师素质、教学方式、教学内容、毕业学生等方面对乡村振兴战略均呈现出较低的适应程度。珠三角乡村居民期望子女就读高职院校的意愿程度较低，但期望子女回农村发展的意愿程度较高。

4. 珠三角乡村振兴战略对高职教育的需求方面的基本结论

珠三角居民迫切期望高职教育为乡村振兴服务，希望其能成为当地经济发展的助推力量，同时也对高职教育在促进乡风文明、政治民主方面寄予厚望。乡村振兴战略中当地居民对高职教育提供培训的需求：在培训意愿上，超过98%的当地居民有接受高职教育培训的意愿；在培训内容上，对市场营销、管理类课程的需求度最高，工业技术课程次之；在培训方式上，当地居民的需求具有多样化，选择率最高的培训方式是高职教师到村培训；在培训时间上，需要根据当地居民的多样化需求开设时间长度不一的培训班。当地居民对政府推动高职教育服务乡村振兴的期望主要表现为：希望政府提供资金、政策，建立机构和信息机制等。当地居民在乡村振兴战略中对高职院校的期望：在改革发展方面，对开设相关专业、改进教学方式、增加相应的课程设置、增强学生的农村意识均有较强期待；在主要任务方面，为当地居民提供职业教育、为乡村振兴战略提供优质人才、与乡村开展研发项目合作、为农村和乡镇企业提供科技服务等四项均被认为是高职院校的主要任务。乡村振兴战略对高职教育人才的需求：在有无需求及数量上，珠三角对引进高职院校毕业生参与当地乡村振兴战略的需求非常强烈；在人才专业需求方面，主要集中在"工业技术类""经济管理类"，之后才是"农业技术类"；在人才专业能力方面，当地居民认为高职学生参与乡村振兴战略最需要的依次是"专业实践能力""综合应用能力""专业技能""专业知识"；在人才素质方面，"学好专业知识和专业技能""树立为农村服务的思想""掌握相关政策""了解农村现状""参与生产实践，培养动手能力""与农民交朋友，培养爱心""培养吃苦耐劳的精神""参与社会实践活动，培养组织能力"都被认为是高职院校人才参与乡村振兴时需要的"非常重要"或者"比较重要"的素质。

根据研究发现，本书提出如下建议。

一方面，政府要转变观念，激发高职教育"为乡村振兴战略服务"的内驱力；要加大财政投入，提高高职教育"为乡村振兴战略服务"的资源供给能力；要深化改革，建立高职教育"为乡村振兴战略服务"配套机制；要繁荣涉农高职教育，提高高职教育"为乡村振兴战略服务"适切性；要创新思路，开拓高职教育"为乡村振兴战略服务"新形式；要创造条件，促进高职院校毕业生走向农村。

另一方面，高职院校要以服务乡村振兴战略为契机，重塑高职院校发展理念；要围绕乡村振兴战略需求，推进高职院校自身改革；要以乡村振兴战略为平台，强化高职院校社会服务职能。

目录 contents

第一章 引言 ·· 001

  一、问题提出 ·· 003

  二、文献综述 ·· 005

  三、研究意义 ·· 011

  四、创新之处 ·· 013

  五、研究设计 ·· 014

第二章 高职教育服务乡村振兴战略的理论支撑 ················ 021

  一、职业教育地位理论 ·· 023

  二、职业教育与经济发展 ·· 027

  三、高职教育与地方区域互动的理论基础 ································ 037

  四、高职教育与地方经济社会发展的关系 ································ 040

  五、高职教育服务乡村振兴战略的政策依据 ···························· 042

第三章 广东省高职教育的发展情况 ······································ 043

  一、广东省高职教育的现状 ·· 045

  二、广东省高职教育发展面临的问题 ······································ 049

  三、广东省高职教育发展措施 ·· 053

第四章 高职教育服务珠三角乡村振兴战略的基本现状 …… 061
    一、珠三角乡村振兴战略发展的基本现状 …… 063
    二、高职教育服务珠三角乡村振兴战略的情况 …… 068
    三、珠三角农村对高职教育的认知与社会认同情况 …… 074
    四、高职教育服务乡村振兴的情况总结 …… 080

第五章 高职教育服务珠三角乡村振兴战略的供需分析 …… 081
    一、珠三角乡村振兴战略对高职教育的需求分析 …… 083
    二、高职教育对珠三角乡村振兴战略的供给分析 …… 093
    三、高职教育服务乡村振兴战略的实践案例 …… 096
    四、高职教育服务珠三角乡村振兴战略的供需分析结论 …… 103

第六章 乡村振兴战略背景下珠三角高职教育的发展思路 …… 105
    一、珠三角乡村振兴战略对高职教育的期待 …… 107
    二、国内外职业教育服务乡村发展的经验与启示 …… 108
    三、珠三角高职教育服务乡村振兴战略实践措施 …… 112

第七章 推动高职教育服务乡村振兴战略的思考 …… 119
    一、加强政府政策支持 …… 121
    二、深化高职教育改革 …… 124
    三、创新服务合作模式 …… 134
    四、重视技能人才引进 …… 137
    五、培育新型职业农民 …… 138

参考文献 ·· 149
附　录 ·· 159
　　高职教育服务珠三角乡村振兴战略调查问卷 ············· 161

第一章 引 言

一、问题提出

早在 2002 年,《国务院关于大力推进职业教育改革与发展的决定》(国发〔2002〕16 号)就明确提出:"农村和西部地区职业教育是今后一段时期职业教育发展的重点。"职业教育要为农村劳动力转移服务,要为乡村发展服务,大范围培养农村实用型人才和技能型人才,普及农业先进实用技术,大力提高农民思想道德和科学文化素质;要为提高劳动者素质特别是职业能力服务。2005 年,《国务院关于大力发展职业教育的决定》(国发〔2005〕35 号)再次强调:"职业教育要为建设社会主义新农村服务。"2006 年,中国共产党第十六届中央委员会第六次全体会议通过的《中共中央关于构建社会主义和谐社会若干重大问题的决定》再次强调:"加快发展城乡职业教育和培训网络,努力使劳动者人人有知识、个个有技能。"《国家中长期教育改革和发展规划纲要(2010—2020 年)》指出,要大力发展职业教育,加快发展面向农村的职业教育,增强职业教育吸引力。2011 年,《教育部等九部门关于加快发展面向农村的职业教育的意见》提出,加快发展面向农村的职业教育,对在工业化、城镇化深入发展中同步推进农业现代化,推进社会主义新农村建设,推动城乡统筹发展,建设教育强国和人力资源强国,具有重大而深远的意义。《中共中央国务院关于实施乡村振兴战略的意见》(中发〔2018〕1 号)强调,实施乡村振兴战略,必须破解人才瓶颈制约。要把人力资本开发放在首要位置,畅通智力、技术、管理下乡通道,造就更多乡土人才,聚天下人才而用之。一是大力培育新型职业农民。全面建立职业农民制度,完善配套政策体系。实施新型职业农民培育工程。支持新型职业农民通过弹性学制参加中高等农业职业教育。二是加强农村专业人才队伍建设。建立县域专业人才统筹使用制度,提高农村专业人才服务保障能力。支持地方高等学校、职业院校综合利用教育培训资源,灵活设置专业(方向),创新人才培养模式,为乡村振兴培养专业化人才。《国务院关于印发国家职业教育改革实施方案的通知》(国发〔2019〕4 号)提出:积极招收初高中毕业未升学学生、退役军人、退役运动员、下岗职工、返乡农民工等接受中等职业教育;服务乡村振兴战略,为广大农村培养以新型职业农民为主体的农村实用人才。使城乡新增劳动力更多接受高等教育。高等职业学校要培养服务区域发展的高素质技术技能人才,重点服务企业特别是中小微企业的技术研发和产品升级,加强社区教育和终身学习服务。因此,推动高职教育为乡村振兴战略服务,既是乡村振兴的需要,也是高职教育自身发展的需要。

珠三角是我国改革开放的先行地区，是我国重要的经济中心区域，在全国经济社会发展和改革开放大局中具有突出的带动作用和举足轻重的战略地位。改革开放以来，在党中央、国务院的正确领导下，珠三角锐意改革，率先开放，开拓进取，实现了经济社会发展的历史性跨越，为全国改革开放和社会主义现代化建设做出了重大贡献。《珠江三角洲地区改革发展规划纲要（2008—2020年）》规定，要"按照城乡规划一体化、产业布局一体化、基础设施建设一体化、公共服务一体化的总体要求，着力推进社会主义新农村建设"。同时，要"加强面向农村的职业教育培训"，要"大力发展职业教育……推进校企合作，建设集约化职业教育培训基地，面向更大区域配置职业技术教育资源，把珠江三角洲地区建设成为我国南方重要的职业技术教育基地"。着力推进珠三角地区乡村振兴战略，高职院校里先进的设备、雄厚的人才资源、前沿的理论研究和国家对高职教育的重视使得高职教育服务乡村振兴战略成为可能。那么，高职教育在服务珠三角的乡村振兴战略时处于什么样的状况？社会对高职教育服务珠三角乡村振兴战略有着何种认知和评价？珠三角乡村振兴战略对高职教育又有着怎样的需求？这是本书的重要触发点。

实际上，在职业教育要为乡村振兴战略、乡村振兴服务的政策指引之下，各地在实现乡村振兴的过程中，都需要发展服务农民的职业教育。高职教育及相关领域关于高职教育与乡村振兴的探讨亦如火如荼地展开。对近年来相关文献的梳理回顾发现，学界的探讨正从高职教育与乡村振兴战略的关系、高职教育在乡村振兴建设中的作用等宏观主题逐步转向了乡村振兴背景下高职教育面向农村的发展探索、高职教育服务乡村振兴的运作模式和机制、职业教育服务乡村振兴的路径探究等具体研究主题。毫无疑问，上述相关探讨对准确把握高职教育与乡村振兴的关系、高职教育在乡村振兴战略中的定位和高职教育介入乡村振兴战略的具体途径等问题都给予了宝贵的理论启迪，同时也为构建高职教育服务乡村振兴的具体机制指明了研究道路。但是，相关探讨大多局限于理论层面，方法上亦以思辨方法为主，研究对象上亦是面向全国范围的泛泛而谈，这不可避免地使上述探讨在研究结果上缺乏生动实践的支撑，在研究方法上缺乏多样性的保障，在研究对象上缺少个性鲜明的个案，在对策建议上针对性不强。当然，也有立足某一高职院校，或者面向某一地市农村的研究。基于以上研究基础，本书选取乡村振兴战略实施中的珠三角为研究对象，通过较大规模的问卷调查和实地访谈，通过对高职教育在乡村振兴战略中的现状和乡村振兴战略对高职教育的需求的把握，研究高职教育服务与现代化乡村振兴之间的关系。

二、文献综述

（一）国外职业教育服务农村建设的状况

国外关于职业教育的研究较早，关于职业教育服务于农村的研究也相对比较成熟。美国的工农业高度发达，职业教育立下汗马功劳，厥功甚伟。从1862年《莫雷尔法案》规定建立赠地学院、培养农业机械技术人才开始，美国政府就以立法方式支持农业技术与职业教育。1917年美国联邦政府颁布《史密斯－休斯教育法案》，在之后的80多年时间里美国政府先后制定、发布了有关职业教育法律法案数十部，形成了完善的农村职业教育法规体系。美国服务农村的职业教育教学形式灵活多样，重视实践教学与能力。美国培养农民的教育培训可分为中等农业职业技术教育、高等农业教育和农民职业培训三类，培养目标各不相同，培训机构分工明确。德国具有成熟的职业教育理论和实践。德国职业教育在农村建设中的作用，突出体现在两个方面：一是通过二元制寻求到服务农村建设的途径，即学校为一元，企业、农村为另一元共同实施职业教育，从而实现学校、农村共同发展；二是通过加强实践性教学环节，强调实用性、职业性和针对性，提高和培养学生的技能，以提高职业教育服务农村建设的能力。澳大利亚专门设立了"教育、培训就业与青年事务部"（DEEF）和"国家职业培训局"（ANTA），实施规范有序的职业培训管理。技术与继续教育学院（TAFE）是澳大利亚全国性的专门职业培训教育体系，它充分利用现代通信技术的优势，把学历教育与农业岗位培训有机地结合在一起，打破了传统的教学模式，建立了学习与农牧业生产实践紧密结合的循环教育体系。英国职业技术教育服务于农村的一个重大特点是建立农村技术培训网，以农业培训网为主体力量，以高校、科研与咨询机构为辅，将高校、科研咨询部门和农业培训网有机地结合起来，形成了从高到低、层次分明、方式灵活多样的教育培训系统。日本在九年义务教育阶段，就要求学生学习初步的农业知识。日本农业职业教育体系分为农业高中、农业继续教育两个层次。农业高中是培养农业劳动力的主要基地，其教育目标主要是培养自营农业人员和农业关联产业技术人员。农业继续教育主要由农林水产省农业大学、道府县农业大学、民间农业继续教育机构实施。

(二)国内职业教育服务农村建设的研究

就国内而言,2017年10月18日,习近平总书记在党的十九大报告中提出乡村振兴战略。在职业教育为乡村振兴战略服务的政策指引下,研究者们从不同角度关注职业教育服务乡村振兴建设。从已有文献来看,关于职业教育服务乡村振兴的相关研究,大致从如下几个角度行进分析和研究。

1. 关于职业教育服务乡村振兴战略的研究

王瑶认为职业教育是推进农业升级的引擎,是促进农村生态宜居的举措,是进行有效乡村治理的渠道,是实现农民生活富裕的动力所在。实施乡村振兴战略为职业教育发展提供了新的机遇。职业院校助推乡村振兴战略,需要从理念、方法、政策、制度等多方面进行改革,应根据乡村振兴的要求,合理设置专业,优化教学方法,打造优质的育人平台,实现职业教育培训和人才培养的结合,真正为乡村振兴发挥助力。① 王彩峰提出,职业教育服务乡村振兴战略时面临着如下问题:专项人才相对缺乏;人才体系结构不科学;职业教育指导乡村振兴的具体帮扶机制有待优化。② 关于职业教育服务乡村振兴战略的策略和路径,杜倩、谷月认为,一是要加大职业教育投入,夯实职业教育办学基础条件;二是要健全职业教育政策和法律制度,提高职业教育保障条件;三是要加强师资队伍建设,提升职业教育教学水平;四是要丰富职业教育内容,提高职业教育对农村劳动者的吸引力;五是要创新教育理念与方式,精准培育新型职业农民;六是要全日制教育和继续教育并举,提升职业教育服务乡村振兴的综合能力。③ 周鑫、刘永慧认为可以通过发挥职业教育优势,加强涉农人才培养;对接产业需求,做强科技帮扶;传承农耕文明,振兴乡村文化等途径助力职业教育服务乡村振兴战略。④

2. 关于高职教育服务乡村振兴战略的研究

近年来,关于高职教育为乡村振兴服务的研究日渐增多,从研究层次上看涵盖了理论研究和经验研究。

---

① 王瑶.职业教育服务乡村振兴战略的创新对策分析[J].山西农经,2022(6):176-178.
② 王彩峰.职业院校服务乡村振兴战略的现状及对策探析[J].农村经济与科技,2021,32(22):267-269.
③ 杜倩,谷月.职业教育服务乡村振兴战略研究[J].黑龙江科学,2021,12(23):64-65.
④ 周鑫,刘永慧.职业教育服务乡村振兴战略的措施研究[J].乡村科技,2019(12):63-65.

（1）高职教育服务乡村振兴的理论研究。相关研究主要有如下三个角度：第一个角度是高职教育与地方经济社会发展的关系研究。杨富、文晓璋认为地方经济发展的人才需求主导高职教育体系的变革，地方经济发展主要通过产业结构的调整、优化，发展模式的选择，所有制结构的驱动等因素来推动高职教育体系变革，并认为要实现高职教育发展与地方经济发展相适应，要加大职业教育的投资力度，建立专业动态调整机制，建立高技能人才信息收集、公布机制，优化专业结构，加大校企合作办学力度，等等。[①] 此外，杨海燕[②]、陈先运[③] 也对职业教育与经济社会发展的关系进行较为深度的理论阐述。第二个角度是高职教育与农业、农村、农民的关系研究。例如，黄鸿鸿提出高职教育要通向农村，是农村经济社会发展和现代农业发展的客观要求，是我国高等教育大众化的必然趋势，是高职教育自身发展的需要。[④] 翟惠根指出乡村振兴战略的实施，对"三农"服务提出了新的要求，高职教育作为提升农民职业技能的重要教育载体，需要结合"三农"发展面临的重点问题，转变教育资源的开发与职业教育培训的方式，构建多元化的服务模式，以提升农民的职业技能与文化素养为目标，为促进农业经济的发展提供教育支持。[⑤] 陈丽娜认为高职教育服务"三农"建设的基础是正确认识乡村振兴战略的内容，农村地区整体经济发展战略和发展问题是高职教育服务乡村实践的基础条件。通过了解"三农"建设的发展内容，面向全体农民，培养农民专业的职业技能，提升农民的思想素质，改善落后的农业经济产业发展方式，以此适应乡村振兴规划的发展要求。[⑥] 第三个角度是高职教育服务乡村振兴战略的研究。这些研究主要从两个不同视角开展：一是在乡村振兴背景下高职教育的发展研究。何博提出为了更好地服务于乡村振兴战略布局下的乡村经济和产业需要，高职教育应从创新办学机制、

[①] 杨富，文晓璋.论高等职业教育与地方经济发展的关系 [J].四川省情，2007（8）：44-45.

[②] 杨海燕.城市化进程中的职业教育发展研究 [D].北京：北京师范大学，2006：66-74.

[③] 陈先运.高等职业教育与地方经济建设发展的关系 [J].中国高教研究，2005（3）：48-50.

[④] 黄鸿鸿.高等职业教育要通向农村 [J].教育发展研究，2003（7）：38-40.

[⑤] 翟惠根.乡村振兴战略下高职教育服务"三农"研究 [J].粮食科技与经济，2018，43（3）：116-117，120.

[⑥] 陈丽娜.高职教育服务"三农"乡村实践探索 [J].核农学报，2022，36（5）：1075-1076.

改革人才培养模式、优化课程结构、建好师资队伍、提升科研与科技服务能力、增强信息化教学能力等方面进行适应性发展改革，来提升高职教育面向乡村振兴战略的服务能力。①张湘娥指出为提升高职院校在乡村振兴战略方面的作用，尽快发挥效应，有必要对高职院校创业教育现存的不足有清晰的认知，并有针对性地进行改进。②钟小文、区绮云认为高职教育要围绕乡村产业兴旺、生态宜居、乡风文明、治理有效、生活富裕的总要求，通过调整高职教育办学定位、深化产教融合机制、推动校村文化共建、打造发展规划平台、构建协同治理体系，为实施乡村振兴战略和促进经济社会发展提供人才资源支撑。③张孟提出为促进乡村振兴战略的有效实施，高职院校需改变院校供给侧结构以发展乡村教育，提升"师""生"侧吸引力以储备乡村人才资源，完善人才培养机制以提升教育质量，改革办学模式以满足社会需求。④二是高职教育推动乡村振兴的研究。宁莹莹提出乡村的产业振兴、人才振兴、文化振兴、生态振兴、组织振兴都需要高职教育提供有力的支撑。⑤程淑华指出，近年来高职教育对于扩大就业和促进学生发展的作用日益显现，高职院校助力革命老区、落后地区发展大有作为。⑥张振华认为高职教育的目标是培养高技能型人才，服务区域经济，加之其校企合作和产教融合的办学模式与产业经济的联系更为直接和密切，因此，在乡村振兴战略中，高职教育更能发挥培养知识型、技能型、创新型农业经营者队伍和新型职业农民的优势，在构建农村产业融合发展体系、促进农村劳动力转移就业和农民增收等方面的功能和作用也不断彰显。⑦沈璐等人认为

---

① 何博.乡村振兴战略背景下高职教育适应性发展研究[J].农村经济与科技，2021，32（24）：327-330.

② 张湘娥.乡村振兴战略背景下高职院校创业教育研究[J].滁州职业技术学院学报，2021，20（4）：1-4，10.

③ 钟小文，区绮云.高职教育服务乡村振兴战略的时代机遇、现实要义与实施路径[J].卫生职业教育，2021，39（18）：20-23.

④ 张孟.乡村振兴战略下新时代高职院校发展探究[J].教育与职业，2020（4）：41-46.

⑤ 宁莹莹.高职院校服务乡村振兴战略的路径探究[J].辽宁高职学报，2021，23（8）：11-14.

⑥ 程淑华.乡村振兴战略有机融入高职院校双创教育的路径研究[J].科技与创新，2021（6）：142-143，146.

⑦ 张振华.高职教育服务乡村振兴战略存在的问题及对策研究[J].河南教育（高教），2020（5）：16-19.

农业高职院校人才培养的质量、农业技术的效益等直接关系到国家乡村振兴战略实施的前景,提出农业高职院校应致力从教学进程全过程培养面向农村的留得住、用得上、干得好的新型职业农民、农村专业人才、科技人才等,并展望农林牧渔等各产业发展的趋势,通过智库建设,促进产业技术革新,助推农业产业科技化、现代化发展。[1]此外,张政利[2]、梁敏敏[3]、常风华[4]、郑传东[5]、刘嘉[6]等人均对高职教育服务于乡村振兴有比较独到的见解。

(2)高职教育服务乡村振兴的经验研究。在随后的一些年,学界对高职教育服务乡村振兴的研究开始不再满足于理论性、思辨性的探讨,有研究者开始走出书斋深入农村,或以一省或以一地或以一校为研究对象,通过问卷调查等实证方式进行地域性经验研究。廖远兵立足广东省欠发达地区职业教育,指出探索新时代背景下服务乡村振兴的新路径,必须全面科学分析乡村振兴战略实施引发的职业教育需求,有针对性地调整职业教育服务供给的类别和方向,使广东欠发达地区职业教育精准服务乡村振兴。[7]刘嘉、钟满田以罗定职业技术学院为例,充分分析现阶段高等职业教育服务地方经济社会发展和乡村振兴战略困境,全方位阐述罗定职业技术学院助力云浮乡村振兴实践路径。譬如,因地制宜调整和制定人才培养目标和人才培养模式,构建云浮乡村振兴战略人才智库,多举措培养高素质现代农村干部队伍,加强农民技能培训和新型职业

---

[1] 沈璐,王涵之,李艺.农业高职院校服务乡村振兴战略问题与路径研究[J].湖北开放职业学院学报,2022,35(10):135-137.

[2] 张政利.乡村振兴战略下高质量农业高职教育的推动与发展探究[J].南方农业,2020,14(5):139,142.

[3] 梁敏敏.高职院校服务乡村振兴战略路径研究[J].淮南职业技术学院学报,2021,21(3):117-119.

[4] 常风华.高职高专教育在乡村振兴战略中的作用与作为探讨[J].河南农业,2018(30):8-9.

[5] 郑传东.高职院校服务乡村振兴战略的实践路径[J].现代农村科技,2020(11):118-120.

[6] 刘嘉,钟满田.高等职业教育助力乡村振兴:困境与路径:以罗定职业技术学院为例[J].安徽农业科学,2021,49(5):272-274.

[7] 廖远兵.乡村振兴战略下广东欠发达地区职业教育发展路径研究[J].广东技术师范学院学报,2019,40(2):12-17,24.

农民养成，为农村农业"造血"等。①2019年中央一号文件《中共中央 国务院关于坚持农业农村优先发展做好"三农"工作的若干意见》要求培养懂农业、爱农村、爱农民的"三农"工作队伍。基于此，潘翠兰、张珍提出在乡村振兴战略背景下农类高职院校构建全方位—渗透式爱农教育模式，通过课程渗透爱农教育、校园文化融入爱农思想、入学教育弘扬"三农"榜样、社会实践活动强化服务"三农"、就业引导树立乡村振兴责任感和凝聚"家校社"合力的路径实施全方位—渗透式爱农教育模式，助力乡村振兴战略的推进。②张振华指出高职院校服务乡村振兴战略要从两方面切入：一方面，政府层面要积极进行引导。参与乡村振兴战略的主体除了高职院校、行业企业、政府等主体，农村和个体农民也要参与进来，变多元主体为全员主体，注重激发乡村内生发展动力。另一方面，政府层面要深入开展乡村振兴建设项目，做好"扶资""扶业"，为乡村发展提供方向和途径；高职院校则继续做好"扶志""扶心""扶智"工作，解决除收入贫困外的文化贫困、精神贫困等问题，为乡村振兴培养技能型人才，通过"以农为本"的理念探索"外推"与"内生"共进式振兴的发展道路，为乡村的繁荣发展提供不竭的动力源泉。通过对河南省省属高职院校的调研，探究高职院校助力乡村振兴战略的实践路径与服务模式，提出三种高职教育服务乡村振兴战略的模式：校地（政）合作模式；扶贫助农模式；高职扩招，建立弹性学制模式。③

（3）高职教育服务珠三角乡村振兴的研究。目前，立足珠三角，探究高职教育服务乡村振兴战略的研究相对匮乏，相关研究主要集中于广东欠发达的粤东西北地区，比较有代表性的主要有：林海龙的《融入粤港澳大湾区发展视角下粤东西北高职教育"四位一体"服务乡村振兴的路径选择》，左芬、陶红的《乡村振兴背景下粤北职业教育扶贫的成效、困境及路径》，吴丽文、蔡少霖的《乡村振兴战略下粤东地区高职教育发展路径研究——以汕尾职业技术学院为例》，孙洪凤的《乡村振兴战略下涉农高职人才培养模式研究——以广东

---

① 刘嘉, 钟满田. 高等职业教育助力乡村振兴: 困境与路径: 以罗定职业技术学院为例 [J]. 安徽农业科学, 2021, 49（5）: 272-274.
② 潘翠兰, 张珍. 构建乡村振兴战略背景下农类高职院校全方位—渗透式爱农教育模式 [J]. 广西教育学院学报, 2020（5）: 203-206.
③ 张振华. 高职院校助力乡村振兴战略的实践路径与服务模式: 以河南省省属高职院校为例 [J]. 河南教育（高等教育）, 2021（11）: 41-43.

科贸职业学院为例》,郭敏、孙警的《区域经济协同:乡村振兴战略背景下地方高职教育创新策略研究——以广东揭阳市为例》,刘君的《乡村振兴战略下助推广东欠发达地区经济发展的高职教育发展路径探索》,陶红、董婷婷的《乡村振兴战略下粤西地区高职院校专业链精准对接产业链的研究》,廖远兵的《地方高职院校继续教育如何服务乡村振兴战略——以广东河源职业技术学院为例》。

(三)简要述评

综而观之,国外关于职业教育服务农村的实践较早,国内相对较晚,高职教育服务乡村振兴的理论探讨已经有价值较高、影响较大的研究成果,为进一步研究提供了坚实的基础和宝贵的学术启迪。经验研究层面正逐步发展,为将来的深入研究指示了新的方向,但在研究手段、研究方式、数据挖掘和研究对象的选取方面均有进一步上升的期待和空间。乡村振兴战略是针对中国国情提出的特有概念,关于乡村振兴战略的职业教育研究大部分停留在推广农业技术,提高农民素质的初等职业教育和中等职业教育方面。从现实背景来看,作为改革开放的前沿地区,珠三角的乡村振兴战略有别于中国其他绝大部分地区的乡村振兴战略,其农村的工业化程度非常高,但根植于珠三角的高职教育却并没有因为其特殊的经济状况而形成相应的特殊发展模式。随着《珠江三角洲地区改革发展规划纲要(2008—2020年)》的推进实施,服务珠三角特色经济模式下的乡村振兴战略的高职教育研究必将成为一个重要课题。因此,选取我国重要的区域经济中心——珠三角乡村作为研究对象,采取规范的实证研究方式,探讨高职教育如何服务珠三角乡村振兴战略就有着重要的理论意义和现实意义。

三、研究意义

虽然乡村振兴战略的提出已经有一段时期,但通过文献综述发现,有关高职教育服务特定区域乡村振兴战略的研究还是非常新颖的课题。对促进珠三角乡村振兴战略,实现高职教育自身的发展,本研究具有一定的实践意义;在实践研究的基础上,对进一步拓展高职教育的研究领域,具体化乡村振兴的内涵,具有一定的理论意义。

（一）理论意义

1. 具体化乡村振兴战略的内涵

乡村振兴战略是习近平总书记于2017年10月18日在党的十九大报告中提出的。报告指出，农业农村农民问题是关系国计民生的根本性问题，必须始终把解决好"三农"问题作为全党工作的重中之重，实施乡村振兴战略。"乡村振兴战略"是在"三农"问题的基础上提出的一个新概念，主要解决"农业""农村""农民"的发展问题。珠三角乡村是中国广大乡村的一部分，但又与以"农业""农村""农民"为主要问题的广大乡村不同，其新型工业化、信息化、城镇化、农业现代化程度高；工农共存，城乡一体，乡城全面融合。研究珠三角乡村振兴，为全国乡村振兴战略研究提供了具体的典型案例。研究高职教育服务乡村振兴战略，对现代化程度较高的乡村振兴战略实施，具有必要性和前瞻性，也是对乡村振兴战略内涵的具体化和延伸。

2. 拓展高职教育研究的领域

根据《国家职业教育改革实施方案》，推进高等职业教育高质量发展，要把发展高等职业教育作为优化高等教育结构和培养大国工匠、能工巧匠的重要方式，使城乡新增劳动力更多接受高等教育。高等职业学校要培养服务区域发展的高素质技术技能人才，重点服务企业特别是中小微企业的技术研发和产品升级，加强社区教育和终身学习服务。以往高职教育在培养"技术技能型人才"的目标定位下，更多地为企业或者工业化程度较高的城市培养人才。随着乡村振兴计划的提出，《国家职业教育改革实施方案》也明确高等职业教育要使城乡新增劳动力更多接受高等教育。本书将把高职教育服务引入广阔的农村，引入乡村振兴战略，将为高职教育的人才培养、专业建设、课程设置、招生就业等方面研究拓展新的领域。

（二）实践意义

1. 促进高职教育的改革

通过对珠三角乡村振兴战略实施的实际情况调查分析，了解珠三角乡村振兴对高职教育的需求，进而促进高职院校对专业设置、课程开设、实训建设、人才培养、就业定位等方面进行新的思考，以拓展高职院校毕业生的就业领域和就业空间。

2. 有利于促进乡村振兴战略实施

通过对高职教育服务于珠三角乡村振兴战略的研究，促进高职教育的人才培养目标和培养模式向农村领域延伸，为乡村振兴战略培养专业技术人才和管理人才，并通过"校村合作"，为乡村振兴战略提供技术支持和管理咨询等服务，从而推动珠三角乡村的振兴和发展。

四、创新之处

（一）选题视角新

珠三角乡村既具有社会主义农村的代表性，又具有城镇化程度高的特色，是共性与个性相结合的典范；将研究对象定位于珠三角的乡村振兴，具有代表性和前瞻性。将职业教育范围限定在高职教育，摆脱了以往职业教育服务于农村的研究囿于农业职业教育和农村职业教育的桎梏，将职业教育提升到了一个新的高度，以调整高职教育体系为手段来达到服务于乡村振兴战略的目的，将为职业教育服务地方经济社会发展拓展新领域。

（二）理论建构新

本书以推进高职教育改革，服务乡村振兴战略为切入点，改变了以往单纯从教育学或管理学的视野探讨高职教育与农村建设的关系的方式，综合运用了社会学和教育学的理论，借助政治学的观点，从乡村振兴战略对高职教育的需求，高职教育服务乡村振兴战略的现状、问题与政策束缚，如何推进高职教育改革以更好服务乡村振兴战略的宏观对策和微观措施等方面展开了深入研究。

（三）研究方法新

以往关于高职教育为乡村振兴战略服务的机制研究多采用文献研究的方法，这种方法存在问题、原因、对策分析多停留在宏观和理论层面，实证研究比较缺乏的不足。本书针对珠三角乡村振兴战略，从推进本地高职教育改革入手，从实证研究到理论总结，综合运用了问卷调查法、分析归纳法、文献资料法等研究方法，在充分调查研究与对比研究的基础上，通过分析与归纳，研究高职教育为乡村振兴战略服务的机制。

五、研究设计

（一）研究方法

1. 文献资料法

文献资料法不受时空的约束，方便、简单、快捷，为历史性的研究提供可能，并且可以结合其他的方法同时使用。对高职教育为乡村振兴战略服务所进行的研究，在国内外高职教育领域存在相当丰硕的成果。因此，查阅国内外有关职业教育为农村服务的著作、论文、网络资料以及相关政策法规等文献资料，了解国内外职业教育服务农村建设研究的现状和发展动态，掌握最广泛的信息资源，能够为本书奠定坚实的理论基础。

2. 问卷调查法

问卷调查法是社会科学研究中最为常见的研究方法之一。它能有效地帮助研究者收集反映社会实际状况的资料，是获取第一手资料最常用的经典方法之一，特别是要大规模地了解社会整体状况时，能有规模地进行资料采集，并且可以利用所收集的数据进行定量的分析，诸如频数统计分析、交互分析、回归分析、模型分析等，具有其他方法不可替代的作用。本书对珠三角乡村振兴战略的现状、珠三角乡村振兴战略对高职教育的需求状况、高职教育对珠三角乡村振兴战略的影响等进行深入且有针对性的调查，研究目前高职教育服务乡村振兴战略所存在的问题，再通过梳理这些问题，提出高职教育服务乡村振兴战略的对策和措施。

3. 分析归纳法

在调查研究的基础上，对研究调查的结果进行分析与归纳，研究总结出理论成果，在实践中总结理论，并从理论中提出相关措施，进一步指导实践。

（二）核心概念

1. 高职教育

高职教育是在高中阶段教育基础之上实施的具有高等教育属性的职业与技术教育，能够培养适应生产经营与服务第一线需要的，适应国际竞争需要的，适应终身发展需要的，德、智、体、美全面发展的技术应用型人才和高技能型人才。①根据联合国教科文组织于1997年颁布的《国际教育标准分类法》

---

① 王明伦. 高等职业教育发展论 [M]. 北京：教育科学出版社，2004：146.

（ISCED），高职教育属于高等教育范畴，它的"课程内容是面向实际的，是分具体职业的，主要目的是让学生获得从事某个职业或行业，或某类职业或行业所需的能力与资格"。①

"高职技术教育"这一概念具有一定的中国特色，它大概可以对应西方的以培养一般技术人员为目标的"技术教育"（technical education）和以培养工程师或高级专业技术人员为目标的"专业教育"（professional education）。因此，我国的专科教育和工科、应用性专业学科的本科教育都可归于此类。但是，我国传统的专科教育和应用性本科教育过于学科化，与如今的"高职技术教育"意义完全不同。因此，高职教育不能等同于大学学科教育。高职教育兼有职业教育和高等教育的双重属性。与普通高等教育相比，高职教育的特征不是表现在层次上，而是表现在类型上。这种不同的类型区别，主要表现在以下几个方面。

（1）普通高等教育的专业设置，是以社会已经形成的学科知识体系为背景的，具有学科本位的学术性特征。高职教育的专业设置，虽然也要以各个门类的学科知识为基础，但它的专业设置是以在不断变化着的市场需求中形成的，是以社会职业岗位为背景的设置。因此，具有职业本位的特征。

（2）普通高等教育根据学科知识内在的逻辑结构来设置教学内容，而高职教育根据职业岗位生产过程的基本要求来确定教学内容，在传授知识的过程中强调知识的应用。

（3）普通高等教育是一种高度理性的教育，对于某项专业知识来说，要求受教育者不仅要掌握其基本的内容，而且要掌握该知识内在的逻辑结构及其运用的逻辑过程。高职教育是一种理论与实践紧密融合的教育，强调的是知识的应用性、知识运用的逻辑结构和岗位技术的培养。因此，高职教育的基本特点表现为：培养目标的应用性、专业设置的职业性、教学过程的实践性和办学体制的多样性。

2. 乡村振兴战略

2017年10月18日，习近平总书记在党的十九大报告中提出了乡村振兴战略。十九大报告指出，农业农村农民问题是关系国计民生的根本性问题，必须始终把解决好"三农"问题作为全党工作的重中之重，实施乡村振兴战略。

2018年1月2日，国务院公布了2018年中央一号文件《中共中央 国务院

---

① 肖化移. 审视高等职业教育的质量与标准 [M]. 上海：华东师范大学出版社，2006：4.

关于实施乡村振兴战略的意见（以下简称《意见》）》，按照党的十九大提出的决胜全面建成小康社会、分两个阶段实现第二个百年奋斗目标的战略安排，确定了实施乡村振兴战略的目标任务：到2020年，乡村振兴取得重要进展，制度框架和政策体系基本形成；到2035年，乡村振兴取得决定性进展，农业农村现代化基本实现；到2050年，乡村全面振兴，农业强、农村美、农民富全面实现。《意见》指出，实施乡村振兴战略，是党的十九大做出的重大决策部署，是决胜全面建成小康社会、全面建设社会主义现代化国家的重大历史任务，是新时代"三农"工作的总抓手。《意见》强调，农业农村农民问题是关系国计民生的根本性问题。没有农业农村的现代化，就没有国家的现代化。当前，我国发展不平衡不充分问题在乡村最为突出，主要表现在：农产品阶段性供过于求和供给不足并存，农业供给质量亟待提高；农民适应生产力发展和市场竞争的能力不足，新型职业农民队伍建设急需加强；农村基础设施和民生领域欠账较多，农村环境和生态问题比较突出，乡村发展整体水平亟待提升；国家支农体系相对薄弱，农村金融改革任务繁重，城乡之间要素合理流动机制亟待健全；农村基层党建存在薄弱环节，乡村治理体系和治理能力亟待强化。《意见》要求，举全党全国全社会之力，以更大的决心、更明确的目标、更有力的举措，推动农业全面升级、农村全面进步、农民全面发展，谱写新时代乡村全面振兴新篇章。《意见》全面阐述了新时代实施乡村振兴战略的重大意义和总体要求，并对提升农业发展质量，培育乡村发展新动能；推进乡村绿色发展，打造人与自然和谐共生发展新格局；繁荣兴盛农村文化，焕发乡风文明新气象；加强农村基层基础工作，构建乡村治理新体系；提高农村民生保障水平，塑造美丽乡村新风貌；推进体制机制创新，强化乡村振兴制度性供给；汇聚全社会力量，强化乡村振兴人才支撑；开拓投融资渠道，强化乡村振兴投入保障；坚持和完善党对"三农"工作的领导等方面的工作提出了具体要求。《意见》从提升农业发展质量、推进乡村绿色发展、繁荣兴盛农村文化、构建乡村治理新体系、提高农村民生保障水平、强化乡村振兴制度性供给、强化乡村振兴人才支撑、强化乡村振兴投入保障、坚持和完善党对"三农"工作的领导等方面进行安排部署。

（三）研究对象

珠江三角洲位于广东省中南部，是我国最大的亚热带冲积平原。珠江三角洲属亚热带湿润季风气候，终年高温，降水丰沛，水热季节配合好。本书所指珠三角包括广东省的广州、深圳、珠海、佛山、江门、东莞、中山、惠州和肇庆市等九个地级市。作为我国改革开放的先行地区,珠三角是我国重要的经济中心区域,在全国经济社会发展和改革开放大局中具有突出的带动作用和举足轻重的战略地位。据《广东统计年鉴(2020)》记道,至2019年年末,就珠三角在广东全省所占比重来看,土地面积占30.5%,常住人口数6446.89万,占全省常住人口总数的56.0%;珠三角生产总值86 889.05亿元,占全省的80.7%,其中第一、二、三产业分别占全省的32.8%、82.3%、83.0%;就珠三角情况而言,珠三角生产总值86 889.05亿元,其中第一、二、三产业生产总值分别是1 427.68亿元、35 853.63亿元、49 617.74亿元,所占比例分别为1.64%、41.26%、57.1%;珠三角地区常住人口总数6446.89万,其中城镇人口占比86.28%,户籍人口总数3767.72万人,其中非农业人口占75.58%。不难看出:珠三角已成为广东省经济社会发展的主要引擎,已经形成以第二、三产业为主体、城镇化水平相当高的总体经济社会发展格局,但农业的比较效益仍然比较低,农村劳动力的专业化和职业化程度相对较低。

根据《珠江三角洲地区改革发展规划纲要(2008—2020年)》的规划,珠江三角洲地区当前和今后一段时间要探索科学发展模式实验区,支持率先探索经济发展方式转变、城乡区域协调发展、和谐社会建设的新途径、新举措,走出一条生产发展、生活富裕、生态良好的文明发展道路,为全国科学发展提供示范;要打造世界先进制造业和现代服务业基地,坚持高端发展的战略取向,建设自主创新新高地,打造若干规模和水平居世界前列的先进制造产业基地,培育一批具有国际竞争力的世界级企业和品牌,发展与香港国际金融中心相配套的现代服务业体系。珠三角农村的部分基层行政单位名称依然还沿袭着"村、组"的称谓,农村居民的生活习惯、生活方式、文化氛围等依然保留着浓厚的农村气息。有些学者把它定义为工业城市,有些学者把它定义为新农村。在本书中,笔者认为珠三角是一个从普通农村向现代化城市过渡的特殊类型,绝大部分地区属于新型农村。高度城镇化是珠三角乡村振兴战略的突出特点,这决定其对职业教育的需求与以往或者目前全国其他大部分地区的需求不同,即不再停留在对农村农业技术的推广、提高农民基本素质和带领农民致富的层面。但是本地农村人口的受教育程度普遍不高,导致该区域经济发展缺乏相匹配的技术、机制和人才,因而珠三角乡村振兴战略对高职教育的需求相对其他地区更为迫切,要求亦更高。而珠三角高职教育尚未形成适应本地经济特色和乡村振兴战略的职业教育体系。高度城镇化,本地农村人口受教育程度较低,对高职教育需求迫切、要求较高,这是选择其作为研究对象的理由。

（四）资料来源

本书的数据来源于课题组 2019 年 2—6 月对珠三角农村地区的调查,调查对象是所在辖区内的常住人口。问卷的设计经过查阅国内相关文献和专家咨询,包括四个部分。第一部分是被访者及所在镇区（村）基本情况,第二部分是高职教育服务珠三角乡村振兴战略的现状,第三部分是对高职教育的认知与评价,第四部分是珠三角乡村振兴战略对高职教育的需求。调查范围涉及珠三角 9 市农村,共发放问卷 540 份,回收有效问卷 514 份,问卷有效率为 95.2%。调查样本分布如下：广州市 55 份、深圳市 45 份、珠海市 40 份、佛山市 40 份、江门市 60 份、东莞市 135 份、中山市 50 份、惠州市 44 份、肇庆市 71 份。在 540 名被访者中,从性别上看,男性 311 人占 57.6%,女性 229 人占 42.4%；从年龄上看,17 岁及以下 35 人占 6.5%,18～30 岁 158 人占 29.2%,31～60 岁 210 人占 38.9%,61 岁及以上 137 人占 25.4%；从文化程度上看,小学及以下 158 人占 29.3%,初中 196 人占 36.3%,高中（中专）157 人占 29.1%,大学 23 人占 4.2%,研究生及以上 6 人占 1.1%；从所从事的职业（行业）看,农业行业 121 人占 22.4%,工业行业 167 人占 30.9%,服务业行业 242 人占 44.8%,无业 10 人占 1.9%。具体如表 1-1 所示。通过对珠三角 9 个地市不同年龄、不同文化程度及不同行业的村民进行大样本随机抽样调查,确保了调查对象的广泛性和代表性。

表 1-1 调查对象的人口学特征

项目		频数 / 人	百分比 /%
性别	男	311	57.6
	女	229	42.4
年龄	17 岁及以下	35	6.5
	18～30 岁	158	29.2
	31～60 岁	210	38.9
	61 岁及以上	137	25.4

续表

项目		频数/人	百分比/%
文化程度	小学及以下	158	29.3
	初中	196	36.3
	高中（中专）	157	29.1
	大学	23	4.2
	研究生及以上	6	1.1
行业（职业）	农业	121	22.4
	工业	167	30.9
	服务业	242	44.8
	无业	10	1.9

（五）数据处理

本书对所获资料采用定量和定性相结合的分析方法。

1. 定量分析方法

本书对问卷所获资料采用SPSS19.0进行统计分析，采用了频数分析、相关分析和逻辑回归分析，充分挖掘了所获资料的数量特征。根据研究的需要，首先，采用非参数相关法求出相关矩阵，初步了解了自变量和因变量之间的相关性。其次，由于高职教育服务乡村振兴问题具体而实在，在很大程度上只要通过基本状况的描述就足以说明问题了，所以先求出其频数和百分比，再根据研究需要进行取舍。

2. 定性分析方法

本书采用的定性分析法主要是文献分析法和个案研究。为了了解国内关于高职教育服务乡村振兴的状况，以便深入考察乡村振兴对高职教育的需求，笔者查阅了大量的相关文献。在实地调查中，为了保证问卷调查的真实性和深度，笔者深入东莞农村，对乡村振兴的现状、高职教育服务乡村振兴的现状和乡村振兴对高职教育的需求进行了补充访谈。在定量分析的同时，结合文献资料进行分析，增强了说服力。

第二章　高职教育服务乡村振兴战略的理论支撑

一、职业教育地位理论

（一）职业教育地位的内涵

职业教育地位的内涵有四层意思。第一层意思即平常所谓"地位"的意思，指职业教育在人们心目中的位置，确切地说，指在过去的一段时期，职业教育在人们的心目中所受到的重视或尊重程度的综合反映。例如，可能说"职业教育在广东很有地位"，是指职业教育（过去的一段时期）在广东办得好，在广东很有影响，人们很看重，相对于其他事物，在人们心目中名次要排前面，等等。第二层意思是指职业教育在地域内经济建设和社会发展中应处的位置。职业教育是一种在经济建设和社会发展过程中起重要推动作用的社会活动，这种社会活动在经济建设和社会发展中所处的位置，对职业教育本身的发展，对经济建设和社会发展所起的推动作用具有重要影响。研究职业教育地位的目的和意义，主要是找准职业教育在经济建设和社会发展中应处的位置，从而更好地发展职业教育，使职业教育在经济建设和社会发展中发挥更好、更大的作用。各国关于职业教育地位的阐述，一般也是指在经济建设和社会发展中的位置。我国2002年颁布的《国务院关于大力推进职业教育改革与发展的决定》强调，要"深刻认识职业教育在社会主义现代化建设中的重要地位"，其中"地位"的含义与平时各种领导讲话及文件中提到的职业教育"地位"的含义，均是指职业教育在地域内经济建设和社会发展中应处的位置。第三层意思即职业教育作为一种教育类型，它在整个教育体系中所处的位置。这个问题很少有人提及，但实际存在，而且很重要。职业教育在教育体系中到底应处什么位置？与其他类型的教育到底是什么关系？职业教育是不是某些人所认为的一种地位卑下的从属于其他教育类型的教育？这些问题既影响职业教育本身的发展，也影响整个教育事业的发展。第四层意思指职业教育在人的发展中所处的位置。从根本上讲，职业教育是培养人的，它在经济建设和社会发展中的作用也是通过培养人来实现的，然而我们以往有意无意地忽视了这个方面的研究。

（二）职业教育地位的影响因素

1. 社会观念

观念是行动的先导。职业教育在社会观念中所处地位如何，直接影响到人们对职业教育的支持程度。就我国而言，由于封建社会遗留下来的鄙视体力劳动和体力劳动者以及学而优则仕的陈腐观念，还有我国生产力发展不平衡、教育发展水平低下等现状，对现代职业教育的性质和功能缺乏深刻、全面的认识，等等，相当一部分人、包括一些党政领导和教育行政部门的人员，对职业教育有以下错误观念：职业教育"低层次观"。他们认为职业教育是一种低层次教育，中等职业教育是高中阶段教育的低层次，高职教育是高等教育中的低层次，视职业学校毕业生低人一等，相应地在各方面均对职业教育有意无意地采取歧视政策。职业教育"淡化观"。他们认为发展职业教育是20世纪80年代为了缓解高中阶段教育升学难的矛盾，是历史发展的需要，这个阶段过去了，职业教育也就不那么重要和需要了，可以逐步淡化和缩小。这种观念导致了对职业教育的支持力度不够，使职业教育地位不高。

2. 经费

经费是影响职业教育发展和地位落实的决定性因素。纵观世界职业教育发展较好、在本国有地位的国家，如德国、澳大利亚，职业教育经费都很充足，有法律保障。在我国，虽然《中华人民共和国职业教育法》（以下简称《职业教育法》）以及从中央到地方政府，对经费都有明确规定，但个别地方职业教育经费投入严重不足，各地一般把主要财力用于义务教育和普通高中的发展，这已经在严重地制约着职业教育的发展，也就影响了其地位的落实，在许多地方，对职业教育的投入仅限于人员工资，有的连工资也难以保证。

3. 教学质量

教学质量是一切教育活动的生命线，职业教育也不例外。职业教育地位的确立，与其教学质量的高低成正比。职业学校和培训机构应办出自身特色，培养出与预期目标一致的优秀人才。例如，法国、意大利等国的职业教育是学校模式，日本、英国、美国等国的职业教育是市场模式，德国、澳大利亚、瑞士等国的则是合作模式，它们都形成了自己的职业教育特色，有较高教学水平，从而确立了职业教育应有的地位。

4. 运行机制

职业教育不是孤立的、静止的存在，其应有地位的落实，还取决于其运行机制是否科学合理，是否切合所处环境和自身发展规律。例如，"双元制"比较切合德国的社会制度和文化环境。在我国，还应摸索出一套与世界接轨的，适应WTO（世界贸易组织）规则的，符合我国国情的具有中国特色的职业教育运行机制，使我国职业教育迈入健康发展的轨道。

（三）职业教育应有的地位

职业教育应有的地位，是指职业教育作为一种客观存在并正常发展，在社会关系中、地域内经济建设和社会发展中应处的位置。

1. 在教育类型方面，职业教育应和普通教育处在同等地位

职业教育是一种教育类型，无论是我国还是世界上其他国家，都是由国家的教育法规明确和肯定的现代教育，如德国由国家法律规定实施的"双元制"、澳大利亚规定教育由学校教育、职业教育和培训、高等教育三个部分组成，等等。在我国，2015年12月修正的《中华人民共和国教育法》（以下简称《教育法》）明确规定"国家实行职业教育制度和继续教育制度"，2022年4月修订的《职业教育法》明确规定，"职业教育是与普通教育具有同等重要地位的教育类型，是国民教育体系和人力资源开发的重要组成部分，是培养多样化人才、传承技术技能就业创业的重要途径"，显然，职业教育作为一种教育类型是客观现实。职业教育和普通教育处在同等地位，是分析各国教育现实和相关法律法规后的结论。世界各国的学生一般是在义务教育阶段后分流接受职业教育，是一种"基础教育"（义务教育）之上的相对普通教育的分类。就我国情况看，《教育法》规定我国的教育分为"学前教育、初等教育、中等教育、高等教育"；《职业教育法》中规定职业教育包括职业学校教育和职业培训，职业学校教育分为中等职业学校教育、高等职业学校教育。国家根据地区、经济发展水平和教育普及程度，实施以初中后为重点的不同阶段的教育分流，建立、健全职业学校教育与职业培训并举，并与其他教育相互沟通、协调发展的职业教育体系。所以职业教育是一种相对于普通教育的教育体系，与普通教育处在同等地位。

2. 在助力经济建设和社会发展方面，职业教育应处在优先发展的地位

职业教育直接为社会培养生产、服务、技术和管理第一线的应用型人才。在澳大利亚，职业教育和培训完成学业的标志是获得职业资格证。我国《面向二十一世纪深化职业教育教学改革的原则意见》明确规定："职业教育要培养同二十一世纪我国社会主义现代化建设要求相适应的，具备综合职业能力和全面素质的，直接在生产、服务、技术和管理第一线工作的应用型人才。"

社会对职业教育有大量的需求。在澳大利亚，1999年有46%的初中毕业生申请接受职业教育培训。在我国，《中共中央关于教育体制改革的决定》指出，社会主义现代化建设不但需要高级科学技术专家，而且迫切需要接受过良好职业教育的中、初级技术人员，管理人员，技工和其他受过良好职业培训的城乡劳动者。2019年,《国务院关于印发国家职业教育改革实施方案的通知》明确了我国职业教育发展的目标,指出要"牢固树立新发展理念,服务建设现代化经济体系和实现更高质量更充分就业需要,对接科技发展趋势和市场需求,完善职业教育和培训体系,优化学校、专业布局,深化办学体制改革和育人机制改革,以促进就业和适应产业发展需求为导向,鼓励和支持社会各界特别是企业积极支持职业教育着力培养高素质劳动者和技术技能人才"。

职业教育具有转化现实生产力的功能,是先进的科技、设备和人力资源转化为现实生产力的直接桥梁。从理论上说,科学技术是第一生产力,是潜在的生产力,根据马克思主义的观点,经济、社会发展的根本,是生产力的提高,而掌握科学技术、运用劳动手段、作用于劳动对象的生产者,是生产力的核心要素。人才的培养,基础在教育。应用型人才和直接生产者的培养,基础在职业教育。《国务院关于大力发展职业技术教育的决定》明确指出"职业技术教育的规模和水平影响着产品质量、经济效益和发展速度。"1993年颁布的《中国教育改革和发展纲要》指出:"职业技术教育史是现代教育的重要组成部分,是工业化和生产社会化、现代化的重要支柱。"所以说,相比较普通教育,显然职业教育与经济社会发展联系更为紧密。正因为职业教育是一种与经济社会发展联系最为紧密的教育,所以应处在优先发展的地位,也即职业教育在经济社会发展中应该优先发展,适当超前。"优先发展"的内涵,是指政府统筹规划经济建设和社会发展时,把职业教育摆到比较重要的位置上,并能适当超前,发展新行业、建设新产业时,职业教育要先行。这种"优先发展"的位置,既要从财力、人力、物力上落实,也要从政策上落实,如落实"先培训、后就业""先培训、后上岗"的政策。

3. 在个人发展方面,职业教育应处于重要地位

我国《职业教育法》规定实行职业资格证制度,"国家实行劳动者在就业前或者上岗前接受必要的职业教育的制度"。职业教育的专业设置以社会职业分类为主要依据,从某种程度上讲职业教育决定人的职业。人们一般会追求职业的稳定,但事实上人的一生必然有诸多的职业、岗位的变更。马克思早就指出:"大工业的本身决定了劳动力的变换、职能的变动和工人的全面流动。"随着生产力的发展和社会的进步,人的职业、岗位、职业能力会经常变动、更新。这既是客观环境变化的必然,也是人的个性发展的需要。这就需要经常不断地从事这样或那样的职业,并接受职业、技术教育或培训。1999年,在联合国教科文组织召开的第一届国际职业技术教育大会上,教科文组织助理总干事

科林·鲍尔发言指出:"技术和职业教育与培训是人的整体教育的一个组成部分。技术和职业教育应能使社会所有群体的人都能入学,所有年龄层的人都能入学,它应该为全民提供终身学习的机会。"它是一种终身性的教育。因此,职业教育在个人的发展中处在重要地位。

实现现代化,关键在科技,基础在教育,这是最高决策者早已形成的共识。为此,国家制定了"科教兴国"战略和"可持续发展"战略。在实施科教兴国发展战略中,一个重要方针就是要"大力发展职业教育",通过广泛开展职业教育与培训,提高劳动者的全面素质和综合职业能力,将沉重的人口负担转化为巨大的人力资源优势,从而发挥后发优势,实现我国的跨越式发展。

在新的形势下,推进职业教育改革与发展,是实施科教兴国和可持续发展战略的一项重大任务。大力发展职业教育,是适应产业结构调整的需要,是适应企业提高产品质量和效益的需要,是适应扩大就业和再就业的需要。职业教育是教育事业中与经济社会发展联系最直接、最密切的部分。我国已进入全面建设小康社会,加快推进现代化的新阶段,既要继续推进工业化,又要加快国民经济和社会信息化。我们要走有中国特色的工业化、城镇化道路,必须充分考虑我国劳动力资源丰富的特殊国情。我们不仅需要发展资金、技术密集型产业,也仍然需要发展有市场的劳动密集型产业;不仅需要数以千万计的专门人才,更需要数以亿计的高素质劳动者。加快发展职业教育,是开发人力资源,提高生产、经营、管理、服务第一线劳动者素质的最有效途径。只有提高劳动者科学文化知识水平和生产技能,才能降低生产成本、改进产品质量、提高经济效益和市场竞争力。同时,提高劳动者素质和职业技能,也才能适应市场变化和岗位转换的要求,增加就业和再就业的机会。在我国城市化进程中,大量转移农民存在素质低下,进城就业难,就业不稳定,针对转移农民,只有大力发展职业教育,才能解决他们的就业问题,才能促进他们的有序转移。在我国加入世贸组织和经济全球化深入发展的新形势下,加快职业教育的改革和发展,加快人力资源开发,不仅势在必行,而且非常紧迫。这既是教育工作的一项重要任务,也是我国现代化建设中一项重要基础性的工作。可以说,加快职业教育改革和发展,提高劳动者素质,直接关系到我国工业化、城镇化和现代化的进程,关系到我国第二步战略目标的实现。

二、职业教育与经济发展

职业教育的核心是传递职业知识和技能、培养社会劳动力。社会经济是指社会的生产、分配与消费，社会生产是基础。社会生产必然是有一定的劳动力参与的。职业教育与社会经济的一般关系，就是通过培养劳动力和吸收劳动力而发生的，或者说是通过"教育（培训）—劳动力—就业—生产"这样的联系发生的[①]。

社会生产中的劳动力并非全部都是受过职业教育的。社会生产中需要受职业教育的劳动力越多，所受的职业教育的年限越长，职业教育对社会的贡献越大，两者的关系越密切。在社会发展的不同历史时期，社会生产对职业教育的需求是不同的，因此，职业教育与社会经济之间关系的密切程度在不同的历史时期也是不同的。古代农业社会中，职业教育对经济贡献甚微，而在现代高科技生产中，职业教育则成了经济增长的重要因素之一。因而，职业教育与经济发展之间是一种动态关系。

（一）职业教育与经济发展是一种动态关系

职业教育与经济发展是通过培养劳动力和吸收劳动力而相互联系的。由于社会生产对劳动力的要求是不断变化的，职业教育与经济之间的关系也处于不断变化之中。社会生产系统为了构成现实的生产力，必须吸收一定的社会劳动力，而且对劳动力有一定的要求。首先表现为对量的要求。对任何一个国家或地区来说，劳动力人口仅是人口总数的一部分。扩大生产可以通过增加劳动人口来进行，但劳动人口的增加同时意味着消费人口的更大增加（因为每增加一个劳动人口，人口总数增加不止一个），因而，通过增加劳动人口可以扩大生产，但不一定能发展经济。其次，社会生产对劳动力的要求还表现为一定的质的要求。就社会生产角度而言，劳动力的素质主要是指文化素质和技术技能水平。在社会生产系统中，生产工具、劳动对象的技术构成占比较高，即技术、设备先进，生产的加工程度高、深、精，社会生产对劳动力的素质要求也就高。通过提高生产力的技术构成占比和劳动力的素质来扩大生产、发展经济是一个有效、可行的途径。最后，社会生产对劳动力还有一定的结构要求。社会生产总是分三次产业部门进行，各产业部门内又分为许多不同的行业，并再分为许多职业、岗位，劳动力在不同的产业部门的配置表现为一定的就业结构，不同岗位、职业对劳动者的技术、技能要求是不同的，因此社会生产对劳动力的智能结构也有一定的要求。

---

① 杨海燕.城市化进程中的职业教育发展研究[D].北京：北京师范大学，2006：66-74.

在生产力水平比较低下、生产技术构成占比较低的情况下，社会生产对劳动力的技术水平、知识水平要求不高，社会劳动的专业化程度也很低。这时，社会生产的扩大、社会经济的发展主要是通过生产要素，包括劳动力的数量的增加来实现的。工业革命以前，由于社会生产本身对劳动力的质的要求不高，再加上社会分工水平低，绝大多数劳动力集中在农业部门，社会生产对劳动力的专业化要求也很低，职业教育仅在某些行业中得到发展，如手工业，而由于手工业就业人数在全部社会就业人数中的比例很小，其中需要受职业教育的劳动力在社会总就业人数中所占的比例就更小了，因而，职业教育与经济发展之间的关系也没受到人们的关注和重视。

18世纪60年代，源于英国的工业革命使社会生产的技术基础从手工转变为大机器，这种转变引起了社会生产对劳动力要求的变化。首先，在以机器为基础的社会生产中，有相当一部分劳动力必须掌握一定的技术技能、具有一定的文化知识。这种对劳动力的素质提出的新要求，使职业教育成为必需，劳动力接受新技术、提高其基本的职业素养都必须依靠职业教育来完成。其次，以机器为基础的社会生产导致了家庭和作坊式生产的破裂，工厂制度和雇佣劳动制的确立，使得生产的社会化程度越来越高，社会分工越来越细，社会职业也越来越多。分工扩大同时意味着劳动的专业化程度提高。不同专业岗位的劳动力一般不能互相替代，不同岗位对劳动力智能结构要求的不同，使专业化培养劳动力成为必需，而专业化培养人才要通过职业教育来实现。最后，工业化过程中，工业代替农业成了社会最主要、最庞大的产业部门。农业劳动人口向工业部门流动，其结果是工业部门的就业人口占社会总就业人口的大多数。由于工业部门中需受职业教育的人数比例较高，因而需受职业教育的劳动人口占社会总人口的比例增加。职业教育独立、系统、有规模地发展成为必然。由于社会生产对劳动力的要求有所变化，职业教育对社会经济发展的作用也日益明显，人们开始关注职业教育与社会经济发展的关系。各国都期望能通过职业教育向社会生产提供一支能满足工业化要求、懂技术和管理的劳动力队伍。于是，职业学校教育系统逐步建立，整个工业化过程，也是职业教育发展的过程。到20世纪初，西方各主要资本主义国家都形成了制度化的职业教育系统。因而可以说，独立、系统的职业教育是工业革命的产物。工业化时代的职业教育主要是以培养技术工人和部分生产管理人员为目标，以按职业要求为导向的专业教育为主。到了20世纪五六十年代，新技术革命的爆发，导致了社会对劳动力要求的进一步变化，从而使职业教育与社会经济之间的关系进一步深化。新技术革命是一场以知识、信息为技术基础的革命，它使科技、知识和信息作为现实生产力直接应用于生产过程。在社会生产过程中，体力因素日益微弱，知识、智力日益成为生产过程中的主要因素。社会生产中半熟练、熟练劳动力的人数减少，劳动的技术要求和专业化程度进一步提高。社会就业总人口中，需受教育的人口比例增加。社会大多数青、少年都接受一定形式的职业教育，职业教育开始渗透到普通教育中，成为大多数求学者必受的教育。产业结构的进一步升级，使第二产业就业人口比例明显增长，在发达地区甚至代替制造业成了产业部门中的最多数，因此，职业教育涵盖的范围也从原来主要涉及制造业而延伸到第二产业。各服务行业的技术、技能的传授，成了职业教育的主要部分。新技术革命还引起了生产技术更新和社会职业要求变化的不断加剧，这使得社会对劳动力的要求不仅限于专业型，注重基础的通用型人才也成了社会生产的一种需要。同时，职业教育的终身化也成了社会经济对职业教育提出的新要求。新技术革命使职业教育与社会经济的关系在深度和广度上进一步拓展，职业教育对经济发展的作用进一步加强，成为现代教育中日益重要的部分。人们也开始从理论上分析职业教育与经济发展的关系，尤其是在以舒尔茨为代表的经济学家提出人力资本理论之后，教育尤其是职业教育对经济增长的贡献更为人们所重视。在德国，职业教育被当作复兴经济的"秘密武器"；在日本，职业教育被视为"经济增长的柱石"。

由此可见，职业教育与社会经济之间是一种动态的关系。社会生产的规模越大，技术水平越高，生产的社会化程度越高，社会生产中需受职业教育的劳动力人数越多，两者的关系就越密切。

（二）经济发展对职业教育的影响

1. 经济发展水平对职业教育的规模、发展速度及质量的影响

对任何一个国家和地区而言，经济发展水平对就业率的影响是很大的，也可以说就业率是社会经济发展水平的标志之一。一般说来，社会经济发展水平高，社会能提供的就业机会也多，其中需受职业教育的就业机会也就增加了。社会能否给受职业教育者提供就业机会，是职业教育能否发展的基本前提和条件。

经济发展给受职业教育者提供就业机会可分为两种情况：一种是在某一时期，经济发展对受职业教育者总量要求增加，但专业结构要求和程度要求基本稳定。这时，职业学校势必要吸收更多的学员，职业教育的规模必然扩大，它在整个教育系统中的比重也相对增加。另一种情况是在某一时期，经济发展对

受过职业教育的劳动力总量要求并不增加，甚至出现负增长，但却提出了新的专业结构要求和程度要求。社会生产一方面淘汰旧的劳动力，一方面又需要新的符合规格的劳动力，这时，职业教育势必要调整内部专业、程度结构，更新课程内容。在现实中，这两种情况通常是并存的。

无论是规模的扩大，发展速度的加快，还是内部结构的变化，职业教育都必须有一定的人力、物力、财力的投入，而这又是以一定的经济能力为基础的。因而国家的经济状况，尤其是财政状况的好坏，对职业教育的发展也有较大影响。

发展职业教育首先必须向职业教育输入一定的人力资源，包括求学者和教育工作者。学生在进入职业教育系统前，必然要考虑接受职业教育和未来收入的增长数额。尽管经济方面的考虑不是求学者取舍就学的唯一因素，但在其他情况相同的条件下，毕业后就业出路好、预期收入高的专业，相对来说求学者必然会多些。而未来就业机会和个人收入的状况又是受社会整体发展状况，尤其是经济发展状况制约的。教师和其他教育工作者在进入职业教育系统前，同样也要将自己的收入和福利水平与其他行业的收入和福利水平的情况相比较。他们的工资、福利及培训费用，构成了职业教育费用的一部分。在职业教育规模扩大时，其费用也相应增加。在职业教育内部发生结构的变化时，教师数量可能不增加，但由于要进行相应的培训，费用也就会增加。因此，职业教育吸引生源、招募师资都必须以一定的经济条件为保证。

除了人力资源外，职业教育还需要一定的实物资源和资金来源。无论是发展还是改革，职业教育在课程开发、设备更新、校舍建设及日常开支方面，都必须有更多的投入，这些都必须考虑到经济承受能力，也就是说职业教育的发展和改革，都是受经济制约的。

在整个教育系统中，即使整个教育规模不扩大，而职业教育在其中的比例相对扩大时，教育费用通常也可能增加。这是因为职业教育较之普通教育投入要多，它的人均教育开支一般要高出普通教育，职业教育对教学设备的要求也高，材料损耗亦大。社会经济发展状况不好，社会对职业教育投入不够或无力投入时，就必然会导致师资来源困难、设备紧缺等现象，从而影响职业教育的教学质量。而教学质量的下降，培养的劳动力素质的下降，势必反过来又影响社会生产，这就会造成恶性循环。实际上，这也降低了职业教育的投资效益，既对经济发展产生了不良影响，也损害了职业教育的形象。因此，社会经济发展的好坏，社会对职业教育投入的多少，对职业教育的质量也有一定影响。

2. 经济发展水平对职业教育结构的影响

社会生产力系统对劳动力的要求不是单一的，而是多种层次、多种规格、多种类型的。社会经济发展通过影响劳动力的就业结构，对职业教育结构产生影响。

经济结构的主体是产业结构。产业结构在劳动力人数上的比例关系是就业结构的基本比例之一，但三大产业中就业人数的比例，并不就直接决定职业教育为三次产业培养劳动力的数量比例。这是因为：首先，三大产业中受职业教育的人数比例，并非就是就业人数的比例。比如说，农业未来就业人口中，需受职业教育的人数可能比工业未来就业人口中应受职业教育的人数要少。但三次产业中就业结构的比例关系和发展趋势对职业教育培养专业和层次的比例关系和发展趋势具有引导和参照作用。其次，各产业就业人数比的变化对确定职业教育在各产业的配置影响很大。各产业就业人数比处于不断变化之中，总的趋势是：农业就业人口向工业和服务业转移，在工业化过程中工业就业人数逐年增加，比例逐渐增大，当工业发展到一定程度后，农业和工业就业人口向服务业转移，工业就业人口逐渐下降，服务业就业人口逐步增加，最后发展为三二一型的就业结构。现在发达国家农业就业人口占社会总就业人口的比例都在 10% 以下，工业就业人口在 30% 以下，服务业就业人口占 60% 左右。这种变化要求职业教育的结构及时进行调整，以保证为产业发展提供数量充足、专业合理的高素质一线劳动者和管理者，同时避免职业学校毕业生的结构性失业和劳动力市场的结构性人才不足。职业教育培养劳动力有较长的周期，这一周期产生了职业教育的滞后现象，出现某些专业的毕业生在规格和结构上与市场需求不相对应的问题。这要求在确定职业教育在各产业中的配置时，对未来数年内劳动力的需求进行预测。

随着生产力的发展，社会分工不断细化，职业教育不可能为每一种职业培养人才，因此，职业教育在培养人才时，通常把工作要求相近的职业归类，然后通过一定的专业计划或弹性较大的课程计划实现对人的培养。这样就形成了职业教育的专业结构，对职业教育师资培养、设备的配置、课程开发、教材建设都有很大的影响。显然，职业教育的专业结构受社会生产的分工状况和社会职业结构制约，由于社会生产的分工状况处于不断变化之中，职业教育的专业结构也需要不断调整。

在社会生产组织中，为了使生产有效进行，各类人员的配比是不同的，这种配比首先是专业的不同，即表现为有一定的专业结构，同时还表现出一定的层次和程度，或称技术结构。例如，制造业中的技术工人分为初级工、中级工、高级工、技师、高级技师等，技术员和工程师也都各自分为几个层次。对不同层次的劳动力而言，岗位要求是有差别的，这种差别对职业教育的层次结构产生影响。职业教育一般分为中等和高等两种层次，社会各就业层次中应受职业教育的劳动力数目制约着职业教育的层次结构。就总的趋势而言，社会生产对劳动力的需求总是拾级而上的，半熟练工、熟练工的比例逐步下降，技术工人、技术员及工程师等智能型劳动力的比例逐步增加。由于社会生产由劳动密集型向技术密集型转变是工业化的必然趋势，职业教育培养层次逐步提高也是适应技术结构升级的必然反应。

社会经济发展是制约职业教育结构的主要因素，但不是唯一因素。职业教育作为教育的一部分，它的结构还受到教育总体结构的影响。比如，发展中等职业教育必须要有较发达的普及义务教育为基础，发展高职技术教育，又要受中等教育规模的制约等。此外，文化传统、社会价值观影响青少年是否选择进入职业教育系统学习，从而间接地影响职业教育结构。

3. 经济体制对职业教育运行机制的影响

经济体制的核心是所有制结构和经济运行机制。在所有制方面，我国目前处于社会主义初级阶段，实行以公有制为主体、多种所有制经济共同发展的经济制度。这决定了我国的职业教育要打破国家包揽办学的体制，逐步形成以政府办学为主体、社会各界共同参与、公办学校和民办学校共同发展的办学体制。

在经济运行机制方面，目前我国在市场经济体制下劳动力市场的建立和完善，改变了职业教育原先的运作方式。职业学校招生的指令性计划逐步减少，指导性计划逐步增多，计划外招生的比例也有所增加。毕业生就业几乎已没有指令性计划，由劳动力市场配置，实行双向选择、自主择业、择优录用。招生制度和毕业生就业制度的这一根本性变革，带动了职业教育的全面改革。

财政体制和国民收入分配状况对职业教育的经费来源也有一定的影响。在大多数国家，职业教育属于非义务教育，因而不仅仅由公共支出来负担职业教育，私人也交纳一部分学习费用。在原有的国民收入分配体制下，我国的中专、技校不仅不收取学习费用，学生还享受一定的助学金。随着国民收入分配格局的变化，职业教育开始收取一定比例的学费。我国自1980年起进行了财政体制改革，从而形成了教育经费筹措的新体制。1980年2月，国务院发布了《关于实行"划分收支、分级包干"财政管理体制的暂行规定》，决定在中央统一计划下，调整条块关系，更多地下放财政权。此后，国民收入分配格局发生了变化，地方和企业的财力增强，这样就使改变教育投资结构更为可行。1984年12月，国务院发布了《关于筹措农村学校办学经费的通知》，规定乡人民政府可征收教育事业费附加。1986年4月，国务院又发布了《征收教育费附加的暂行规定》，开始征收城市教育费附加。教育投资结构的变化，也引起了职业教育投资结构的变化。从总的趋势来看，职业教育投资中，个人、社会、地方的比例不断增加，中央的投资逐步减少。1999年《中共中央 国务院关于深化教育改革全面推进素质教育的决定》提出："在非义务教育阶段，要适当增加学费在培养成本中的比例，逐步建立符合社会主义市场经济体制以及政府公共财政体制的财政教育拨款政策和成本分担机制。"目前，我国职业教育办学体制的多元化基本解决了职业教育统筹乏力、条块分割、布局分散、整体效益低的问题，并逐步形成了政府、企业、社会和个人共同参与的办学体制。

（三）职业教育对经济发展的影响

从经济发展的角度来讨论职业教育与经济发展的关系，也就是把职业教育看作经济发展的影响因素之一，研究职业教育在经济发展中的作用，由此便产生这样一个问题：职业教育是否是经济发展之必需，经济发展是否必须要依赖职业教育。

对任何一个国家来说，发展生产总要有一支懂生产、能使用现代生产工具、运用先进生产技术的技术人员队伍。如果没有这样一支队伍，即使有先进的生产设备和生产工艺，也不可能构成现实的生产力，现代化的管理也不可能有效地实施，而要形成这样一支队伍，职业教育是必需的。技术对于生产的重要性不说自明。技术与科学是有区别的，科学是阐明自然界的一般规律，科学要转化为生产力必须通过技术这样一个中介来完成。在科学向生产的转化中，必须要有一批技术人员。职业教育既可以培养技术人才，同时又能传播、推广技术成果，而且接受过职业训练的劳动者还是技术的发明者、创造者。通过职业教育培养一批有创造能力的技术人员和产业工人，是将科学技术转化为生产力的有效途径。生产的发展很大程度上取决于技术的发展，英国的社会生产曾经一度位居世界前列，但进入20世纪以来，其经济增长渐趋缓慢，劳动生产率相对低下，远远落后于欧洲其他资本主义国家，原因之一就是英国在传统上轻视技术，在科学转化为生产力以促进工业和经济的发展方面，没有很好地重视职业教育和工程技术教育。目前，英国提高了对职业教育的认识，认识到工业不是以科学为基础的，而是以技术为基础的，要解决技术问题，培养一批能在技术领域进行发明创造,能在生产第一线从事技术工作的技术人员是基本前提。德国和日本一直比较注重职业教育,重视技术人才的培养,重视科学向生产力的转变。这是两国在第一次世界大战之后经济迅速发展的根本所在,两国受过良好职业教育的产业工人在国家经济发展中功不可没。

由此看来,与普通教育相比,职业教育对于促进生产发展和经济发展,有其独特的作用,对任何一个国家来说,适度规模的职业教育都是必要的。一方面它起着培养高素质的技术技能型人才的作用,为这些人才发明和创新技术奠定了知识基础;另一方面,它又具有传播技术、推广技术的作用,这就决定了职业教育在经济发展中的价值。

1. 职业教育能提高劳动力配置的效益

职业教育不仅有培养人才的功能,还有选拔人才、分配人才的作用。职业教育,尤其是适当的职业指导,能将不同能力倾向、兴趣、爱好的人导向相应的职业岗位,使个性特征与社会需要相结合,充分发挥人的潜能,提高劳动力的配置效益,从而促进经济的发展。由于现代社会的职业结构越来越复杂,劳动力配置的问题也越来越突出。对个体来说,了解职业情况及就业要求,成了一个十分现实的问题。个人在职业方面的兴趣、爱好,以及职业的要求都是发展变化的,如何根据个体在职业方面心理发展的规律,有效地施加影响,合理地将个人导向合适的岗位,成了职业教育的重要内容。同样,用人单位也需要各种各样能胜任工作而又与职业的发展相适应的劳动者。如果个人的兴趣与社会的需要不能很好结合,很可能引起个体在工作岗位上不安心工作,降低工作效率,引发劳动力的非必要再次流动、再次培训和职业角色的重新塑造,这样会降低整个社会生产的效率,对经济发展产生不良影响。职业教育还可以通过专业结构、层次结构的调整以及在职培训促进劳动力的合理流动。社会经济的发展、技术的提高、行业新旧的更替必然要求劳动力进行重新配置,这种劳动力的流动与个人兴趣和社会需要不符引起的劳动力流动不同,是一种必要的、合理的流动,这种流动不仅不会降低社会生产的效率,而且有助于社会经济的发展。职业教育通过调整劳动力的总体配置结构来满足社会生产对劳动力的需要,从人力资源的开发和利用方面促进了社会经济的发展。职业教育还可以作为劳动力的储存器减轻社会就业的压力,间接促进经济的发展。经济发展往往呈现出一定的周期性,对劳动力的需要也是波动不定的。在经济发展缓慢,对劳动力要求减缩时,通过职业教育对劳动力的培训可以暂时将劳动力储存起来,提高劳动力的素质,减轻劳动力过剩对经济发展产生的压力,调节劳动力与经济发展之间的供求矛盾。而在经济发展加速，对劳动力需求增长时，职业教育又可以将储存的劳动力注入社会生产领域，以满足社会生产对劳动力的需求。

2. 职业教育通过提高劳动生产率促进经济发展

职业教育通过培养劳动力的专业素质，发展劳动力的智能，塑造其思想品德、人格，传授生产技术来提高劳动者的劳动生产率，从而促进经济发展。职业技术教育依据人的身心发展规律，传授系统的技术知识，训练科学的生产技能，有计划循序渐进地开发个体在职业方面的潜力，从而使个体获得职业所需要的知识、技能以及自我学习的能力，促进个体在职业岗位上提高劳动生产率。与普通教育相比，职业教育与生产的关系更为紧密，也更能直接地提高劳动生产率。职业教育通过提高劳动力的技术水平，发展其智能，使劳动者提高运用新技术、新工艺、新设备的能力，并能使劳动力有更多的技术革新和生产创新。职业教育还通过培养劳动力的安全意识、设备保养和维修能力来减少生产事故，降低生产工具和设备的损坏率。劳动者的劳动生产率不仅与他的技术水平有关，还与他的劳动态度有很大关系。积极进取的劳动态度能提高劳动生产率，职业教育通过塑造劳动者的政治观念、职业道德、专业思想，影响劳动者的劳动态度，从而影响劳动生产率。劳动生产率还与劳动组织的整体效率有关。劳动组织中，劳动力的配置是否合理，管理是否有效，对整个组织的工作效率是有影响的，从而也影响了劳动生产率。劳动组织中是否能进行现代化的管理，管理的有效程度大小，又都是与劳动力的素质有关的。职业教育通过塑造劳动者的现代人格，实现劳动力的现代化，从而使劳动力能认同组织文化，能与现代管理要求相一致，积极配合管理施行，提高现代管理的效能。

职业教育从以上几个方面促进劳动者的劳动生产率的提高，进而促进生产由简单劳动密集型向复杂劳动密集型（技术密集型）转变，实现职业教育对经济的促进作用。对任何一个国家而言，依靠劳动密集型生产来实现经济的永久性增长都是不现实的。因为劳动密集型生产要通过投入大量的简单劳动来扩大生产，这受到劳动力资源和劳动工资的限制。即使在劳动力资源无限供给的情况下，随着经济的增长和国民收入的提高，劳动者的平均工资水平也提高了。工人工资提高到一定的程度，再依靠大量投入劳动力来进行生产，生产成本必然提高，产品也就缺乏竞争力，这时，生产就必然要通过提高技术构成，向技术密集型转变。技术密集型生产要求一方面要投入高技术构成的生产资料，另一方面则要有高生产率的劳动力。而职业教育可以通过培养人来提高劳动生产率，促成这种转变。

在 20 世纪 50 年代，许多国家的经济学家、教育学家对教育的经济功能进行了研究，并相继发表了一系列的研究报告。美国学者舒尔茨研究了美国 1929—1958 年教育对经济增长的作用，认为在这期间美国国民收入增长额中有 33% 来源于教育，由此认为教育投资的收益率是很高的。苏联学者的研究也表明，苏联在 1940—1960 年，国民收入的增长中有 30% 来源于国民受教育水平的提高。日本文部省则认为，日本在 1930—1955 年的国民收入增长中 25% 得益于教育。由于这些研究，以及后来教育先行思想的影响，许多发展中国家都拟定并实施了众多的教育计划，力图通过教育的发展促进本国的经济增长。职业教育要有效促进经济发展，自身发展必须适度。其规模要与经济发展要求相一致，要与经济发展的承担能力相符合。要做到这一点，就需加强职业教育规划与预测工作，提高职业教育决策的科学性。在提高职业教育决策的科学性之外，发展职业教育还要注意引入市场调节机制，通过劳动力市场的供求关系来实现对职业教育规模的调节。职业教育要有效促进经济发展，除控制和调节其总体规模外，还要注意有合理的布局、专业设置和层次比例，以提高职业教育的投资效益。有关职业教育投资效益的研究报告表明：我国一些地区存在较严重的职业教育学校布点过密、规模过小、专业设置不合理等问题，还存在因管理上条块分割引起的专业设置重复、设备利用率低的问题。这些问题都大大影响了职业教育的投资效益。

职业教育促进经济发展，主要是通过为社会培养合格人才来实现的，这就决定了职业教育的中心任务和基本方向。职业教育可以通过推广科技、校办产业、咨询服务来为经济服务，但是学校必须以教学工作、以培养人为主要工作。如果学校不培养人或不能很好地培养人，那么它就丧失了它的基本功能。职业教育如果不能满足社会生产对人才的需求，也就等于没有实现它必要的经济功能。总之，职业教育要有效发挥促进经济发展的功能，必须具备以下条件：首先，职业教育发展的规模、速度、结构应与经济发展的要求和承担能力相适应；其次，职业学校必须培养出合格的技术人才；最后，已受过职业教育的人才有合适的工作岗位，实现人力资源与社会生产相结合。

三、高职教育与地方区域互动的理论基础

高职教育与地方区域互动是社会经济、高等教育发展到一定历史阶段的必然产物，这种互动有着深厚的理论基础与依据。

（一）非均衡理论

非均衡理论（或称非瓦尔拉斯均衡理论）是指一个国家、一个地区在经济发展过程中，由于受诸多因素的制约，不可能平衡推进、全面发展，而总是在某一优势区域、某一重要领域先行取得突破，进而带动整个经济的发展。产业结构、技术创新、劳动力素质等都是影响区域经济非均衡发展的因素。在这些主要因素中，起决定作用的是教育，特别是高职教育。高职教育的专业设置、科研成果、各种功能的发挥直接影响着区域产业结构的布局、技术创新的能力，以及人才培养的规格、质量和水平等。

（二）后发优势理论

美国经济史学家亚历山大·格申克龙在总结德国、意大利等国经济追赶成功经验的基础上，于1962年创立了后发优势理论。后发优势理论是指经济欠发达国家与地区有效利用资源、创新、机遇、政策等优势，获取更佳的经济效益和更高的经济增长速度，实现与先进国家和地区的经济趋同化，甚至超越先进国家和地区的经济发展水平，实现跨越式发展。后发展是相对于先发展而言的，因而后发优势涉及的主要是时间维度，至于国家之间在人口规模、资源禀赋、国土面积等方面的差别则不属于后发优势范畴，而与传统的比较优势相关。在论述后发优势理论的含义时，格申克龙指出，引进技术是正在进入工业化国家获得高速发展的首要保障因素。后起国家引进先进国家的技术和设备可以节约科研费用和时间，快速培养本国人才，在一个较高的起点上推进工业化进程。在知识经济时代，高职教育对于引进技术、技术创新有着积极的作用，通过科技成果的转让能将潜在的技术优势转化为现实生产力，为实现经济赶超提供智力支持。

（三）区域竞争力理论

区域竞争力是指在经济全球化环境中一个地区、国家或者几个国家组成的经济区（大多数是指一个主权国家内的各个子区域）地区经济的国际竞争力。国际竞争力是指一个国家在世界市场经济竞争环境和条件下，与世界整体中各国的竞争比较，所创造增加值和国民财富的持续增长和发展的系统能力水平。世界经济论坛（WEF）和瑞士国际管理发展学院于1980年构建的国际竞争力评价体系指出，国际竞争力是一个量化的概念，其八大要素（国家经济实力、国际化、政府管理、金融体系、基础设施、企业管理、科学技术、国民素质）中，科技竞争力和国民素质竞争力是核心竞争力。而国民素质竞争力的44项指标中有22项、科技竞争力的26项指标中有19项与教育相关，尤其是与高等教育有关。高职教育通过教学，传授科学文化知识，使国民获得专业技能、学习能力、生存能力和生产能力，从而提高国民素质。在科技方面，高校不仅拥有大量的科研成果和自主知识产权，更拥有从事研发活动的高智力人才，通过产学研合作，直接参与科技成果转化，提高产品的科技含量，促进区域经济的发展。

（四）新增长理论

新增长理论又称内生增长理论，是20世纪80年代以来以收益递增作为研究的核心内容，由一些持相同或者相似观点的经济学家提出的各种增长理论模型构成的一个松散集合体。其中比较重要的是阿罗的"边干边学"模型、罗默模型、卢卡斯模型等。新增长理论强调经济增长不是外部力量（如外生技术变化），而是经济体系的内部力量（如内生技术变化）作用的产物，重视对知识外溢、人力资本投资、研究和开发、收益递增、劳动分工和专业化、边干边学、开放经济和垄断化等新问题的研究。新增长理论揭示，知识将取代物质资本，成为经济发展中最重要的生产要素，现代经济比以往任何时候都依赖知识生产、知识应用与知识扩散。知识是区域经济增长的决定性内生变量，知识的积累取决于经济当事人用于研究与开发、教育与培训等方面的投资。新增长理论指出，高等教育是区域经济增长的动力源，高职教育作为高等教育的重要组成部分，对于区域经济增长产生不可或缺的重要作用。新增长理论自20世纪80年代产生以来，迅速成为各方关注的焦点，对世界经济增长，尤其对发展中国家经济发展产生了重要影响。

（五）城市化理论

城市化的实质含义是人类进入工业社会时代，社会经济发展速度加快，农业活动的比重逐渐下降、非农业活动的比重逐步上升这一发展过程。与这种经济结构的变动相适应，乡村人口比重逐渐降低，城镇人口比重稳步上升，居民点的物质面貌和人们的生活方式逐渐向城镇性质转化和强化。它不仅是简单的城乡人口结构的转化，更重要的，它是一种产业结构及其空间分布结构的转化，是传统生产方式、生活方式和行为方式向现代化生产方式、生活方式和行为方式的转化。影响城市化的因素十分广泛，涵盖面也很广，具体而言，主要有以下几种因素：经济增长、产业结构、科技进步和工业化水平。这些主要的影响因素又和高等教育有着密切的联系。高职教育对这几项指标的提升都有积极作用。具体表现在：高职教育可以直接促使农业人口通过升学向非农业人口转变；高职教育自身属于第三产业的范畴，其自身的大力发展增加了第三产业的比重，直接提高了城市化程度；高职教育为城市化水平提升提供人才支撑和技术支持。

四、高职教育与地方经济社会发展的关系

高职教育从诞生之日起，就具有地方性的特点。高职教育是培养适应地方经济发展需要的高技能人才的高地，它的发展必须与地方经济发展相适应。高职教育是地方经济发展的内生需求，必须根据地方产业结构的调整、生产技术的变化、经济增长速度等不断调整和优化自身的发展。①

（一）地方经济发展的人才需求主导高职教育体系变革

地方经济发展主要通过产业结构的调整、优化，发展模式的选择，所有制结构的驱动等因素来推动高职教育体系变革。第一，产业布局与集群发展对人才的需求。产业结构是地方经济发展的命脉，各地根据自身资源禀赋优势及国家宏观战略布局，形成不同的产业结构布局，而不同的产业结构对高职教育的学科体系、人才培养层次与规格具有不同的需求。尤其值得指出的是，现在各地产业结构越来越呈现集群式发展态势。产业集群具有规模经济效应，会形成人才需求链，如围绕制造业会形成生产型服务业人才链，产品的上游与下游形成关联人才链。产业集群会集中形成对某一专业人才的大量需求，同时又对其他专业人才形成排斥，所以要求高职教育学科体系不能大而全，而要小而精，要具有快速反应能力。第二，产业类型和产业性质对人才的需求。三次产业相互关联，在不同发展阶段被依次推进。我国目前区域经济发展不平衡，各地方的主导产业类型各异，不同的主导产业类型对高职教育会形成不同的需求。第三，地方经济发展战略与模式。我国各地资源禀赋不均，各地方因地制宜相继形成了不同的发展战略。而不同的经济发展战略会相应形成不同的经济模式，如以外向型地方经济发展为主的外源型模式，以经济内生增长为主的内源型模式。外源型地方经济发展模式对职业技术人才的规格、素质等会提出与国际接轨的要求，内源型经济模式则会对职业技术人才提出与本土相适应的要求。第

---

① 杨富，文晓璋.论高等职业教育与地方经济发展的关系[J].四川省情，2007（8）：44-45.

四，经济所有制结构。在我国以公有制为主体、多种所有制经济并存的所有制结构下，各地方所有制结构比重不一样，有的地区以国有经济为主体，有的地区以民营经济为主体，有的地区外资、民营、国有经济三轮驱动。不同的经济所有制结构对职业技术人才的规格、素质、层次要求不同。例如，我国的民营企业大都为创业型企业，规模不大，产品技术含量不高，需要具备一定创业素质及风险承担能力、吃苦耐劳的职业技术人才；外向型经济大都以外资企业为主，技术含量较高，要求职业技术人才具备一定的技术吸收能力及较强的创新意识；国有经济主要以大型企业为主，工作相对稳定，但大部分人员已经饱和，对高技能人才需求量不大。第五，地方经济发展水平。地方经济发展水平主要可用发展规模与发展质量来衡量。发展规模不大的地方对职业技术人才需求不大。各地应根据自身的经济规模制订相应的高职教育发展规划，而不能盲目跟风，一味地扩大规模。发展质量主要体现为人均可支配收入，一般情况下收入高的地方对高职教育需求大。人均可支配收入水平对职业院校的招生、收费、资金运转等关键因素具有根本性的影响。

（二）高职教育尚不能完全适应地方经济发展的需求

目前，高职教育改革发展中由于不适应地方经济发展的需求，出现了许多影响地方经济发展的现象，主要表现为：第一，对地方经济发展所需人才结构的影响。地方产业发展需要相应结构的人才支撑。首先是纵向人才支撑。地方产业发展需要金字塔型人才结构，其中高级技术应用型人才位于塔底，占据了所需人才总量的大部分。其次是横向人才支撑，也就是所培养人才的学科及专业要与地方产业结构相吻合。当前存在的"高技能人才短缺"问题表明纵向人才结构支撑不够，在培养规模上难以跟上经济的快速发展；部分专业"人才过剩"问题则表明横向人才结构支撑不够，一些专业所培养出的学生不为产业集群发展及产业结构调整、升级所需。人才结构与产业结构不协调现象产生的主要原因是高职院校与地方企业间信息不对称，高职院校与企业信息沟通渠道不畅，信息沟通机制不健全。第二，对地方经济发展所需人才素质、能力的影响。地方经济发展往往需要上手快、动手能力强的高技能人才，但由于受人才培养模式及办学客观条件的影响，特别是高职院校"双师型"教师数量不够、质量不高，专业教师动手能力不强，实验、实训基地建设滞后，高职院校所培养的人才在素质、能力结构上难以满足企业的需求。第三，对高职院校自身服务社会的影响。高职教育的重要功能就是服务社会，促进科学技术转化为现实生产力。

当前很多高职院校没有建立相应的研究机构，参与地方科技研发与推广的积极性不高，在地方经济建设的一些前沿课题上处于失语状态，影响了地方经济发展的速度和进程。高职院校作为培养应用型人才的基地完全应该也有能力参与地方的技术研究与推广。第四，地方高职院校参与社会职业培训的热情不高。高职院校封闭办学，缺乏主动融入地方经济建设的意识，因而影响力有限，得到的支持也有限。部分高职院校"等、靠、要"的思想比较严重，发展的主体意识较缺乏。

五、高职教育服务乡村振兴战略的政策依据

高职教育是以培养管理、生产和服务第一线的应用型人才为根本目标，根据市场需求设置专业和培养学生，它不仅要承担教书育人培养高素质应用型人才的重任，还应当承担开发人力资源培养新型农民服务乡村振兴战略的重任。《国务院关于大力推进职业教育改革与发展的决定》明确指出：职业教育要为农村劳动力转移服务，大范围培养农村实用型人才和技能型人才，普及农业先进实用技术，大力提高农民思想道德和科学文化素质；要为提高劳动者素质特别是职业能力服务。实际上，高职院校为乡村振兴战略服务，既是新时期社会赋予高职院校新的历史使命，也是高职院校自身发展的需要。教育部党组书记、部长怀进鹏在教育部、广东省2021年深化教育体制综合改革联席会上提出："要准确把握经济社会发展对教育系统的深层次改革需求，优化教育布局和人才培养结构，深化产教融合，培养产业发展真正需要的人才，以教育的高质量发展反哺经济社会发展。"高职院校应该在乡村振兴战略中发挥农业科技推广、农业产业化发展、农业现代管理、农村文化建设、人才培养等方面的作用。高职院校应该扩大办学视野，实行开放办学，在不打乱现有办学秩序的前提下开设相应的院系、专业，把农村中"上得来"的人培养成乡村振兴战略中"下得去、留得住、用得上"的人才，或利用现有的师资力量进驻农民相对集中的区域对农民进行农业相关知识的培训，深入田间地头直接指导农业的生产，以及利用先进的设备条件解决乡村振兴战略中所遇到的实际问题。

第三章 广东省高职教育的发展情况

改革开放以来,伴随着广东省产业经济的发展,以大力发展高职教育提升高职教育办学能力与水平为目标,以服务为宗旨,以市场需求为导向,以创新改革机制体制为动力,加强高职院校基础能力建设,优化高职教育结构,提高人才培养质量和办学效益,促进广东省高职教育与经济社会发展的紧密结合,增强高职教育为区域经济社会发展服务的能力,为珠三角发展成为在全国具有举足轻重地位的经济区域做出了重要贡献。一大批高素质技能型人才汇聚在珠三角干事创业,成就了珠三角经济社会发展的辉煌。

一、广东省高职教育的现状

近年来,为加快培养与企业转型升级需求相适应的技能人才,广东省的高职教育随着经济发展方式转变而"动",跟着产业调整升级而"走",适应市场需求变化而"变",向着社会资金而"引",推动高职教育实现了快速发展。

(一)随着经济发展方式转变而"动",高职教育规模快速扩展

截至2020年年底,广东省有独立设置高职院校87所,全日制高职在校生117.8万人;2020年,高职招生53.3万人,扩招18万人,其中退役军人、下岗失业人员、农民工和高素质农民录取数占2020年扩招专项录取数的58.4%。① 从表3-1不难看出,2019—2020年,广东省高职院校扩招速度明显加快,在校生人数增幅较大。在办学规模快速扩大的同时,广东省高职院校的师资力量也在快速加强,教职工和专任教师的数量都有显著增加,教师整体水平持续提高,高学历教师比例逐年提升,专任教师中"双师型"教师比例稳步提高。

表3-1 2015—2020年广东省高职院校师生数量统计

年份/年	学校数/所	毕业生数/人	招生数/人	在校生数/人	教职工数/人	专任教师数/人
2015	77	215 112	250 065	700 501	46 282	33 394
2016	85	228 679	251 761	742 899	50 173	36 263
2017	87	252 026	270 045	762 334	51 222	36 948

---

① 广东省教育厅.广东省高等职业教育质量年度报告:2021[M].广州:广东高等教育出版社,2021:24.

续表

年份/年	学校数/所	毕业生数/人	招生数/人	在校生数/人	教职工数/人	专任教师数/人
2018	88	25 389	282 502	785 308	50 087	36 540
2019	87	231 183	311 101	828 337	50 536	37 260
2020	87	273 603	533 000	1 178 000	58 230	42 951

数据来源：《广东统计年鉴》2016、2017、2018、2019、2020 年；《广东省高等职业教育质量年度报告（2021）》。

（二）跟着产业调整升级而"走"，高职教育专业与产业紧密对接

据统计，职业院校专业基本覆盖广东省现代产业体系各部门、各行业，高职院校新增专业与产业对接覆盖率超过 90%。2019 年 2 月中共中央、国务院印发《粤港澳大湾区发展规划纲要》，要求粤港澳大湾区构建具有国际竞争力的现代产业体系，包含四大产业：先进制造业、战略性新兴产业、现代服务业和海洋经济产业。广东省高职院校积极响应国家发展政策，专业布局契合粤港澳大湾区产业发展，立足地方产业集群，主动与区域龙头企业深化合作，对接产业高端和高端产业构建高水平专业群。在教育部组织的中国特色高水平高职院校和专业建设计划遴选中，广东省 14 所高职院校的 19 个专业群入选。2019 年 11 月，广东省教育厅启动省级高水平专业群建设工作。

例如，东莞职业技术学院立足东莞，服务粤港澳大湾区，聚焦东莞高端化智能终端产业和传统产业高端环节，重点建设与华为公司深度协同育人的电子信息工程技术专业群。广东工贸职业技术学院以 9 个省高水平专业为核心，组建 9 个与产业精准对接的专业群；专业群与大湾区国家战略同行，与区域经济发展精准对接，其中测绘地理信息技术专业群获得中国特色高水平专业群建设立项。

（三）适应市场需求变化而"变"，高职教育改革不断深化

广东省高职院校积极创新办学模式。截至 2020 年，广东省有 14 所国家"双高计划"建设单位，数量位列全国第三；11 所国家示范（骨干）高职院校，数量位列全国第三；14 所国家优质高职院校，数量位列全国第二。广东省高职院校与行业企业紧密合作，以示范性职业教育集团（联盟）、产业学院、产教融

合基地建设为抓手，推动产教融合深度发展。

广东省加快职教集团建设，推进实体化运作，职教集团的综合服务能力显著提升。全省共建有各类职教集团66个，覆盖先进装备制造、高端新兴电子信息、新能源、新材料、航空航天等支柱产业，其中立项建设省示范职教集团24个。

广东省高职院校精准对接区域行业产业需求，与高端行业、领军企业及科研机构联合组建跨专业的特色产业学院。依托产业学院，整合优质社会资源，探索多元化办学体制，共同培养高素质技术技能人才，服务企业创新升级。广东省涌现一批产业学院。例如，广州城市职业学院适应老龄化社会快速发展需求建成"广城—保利恒福养老产业学院"；深圳信息职业技术学院携手深圳市物联网智能技术应用协会、深圳三诺集团共建智能物联应用技术产业学院；东莞职业技术学院与大朗毛织城共建大朗毛织产业学院。

广东省积极推动产教融合基地建设，支持龙头企业、学校、社会培训机构共同建设独立运作的公共实训基地，支持有条件的地市按基地接收实习实训人数和学时给予一定补助。2019年，企业支持广东省高职院校建立校外实习实训基地1.9万个，提供实训项目6.0万个；为学生提供住宿条件的校外基地0.9万个。2020年，广东省发展和改革委员会、广东省教育厅等六部门联合印发了《广东省产教融合建设试点实施方案》，主要目标为支持广州、深圳等市试点建设国家产教融合型城市，组织开展省级产教融合试点。分批次布局建设省级产教融合型城市，到2025年，在珠三角9市中至少培育5个市级试点城市，在粤东粤西粤北地区至少各培育1个市级试点城市。建设培育30个以上具有一定示范带动作用的产教融合型行业，其中制造业相关行业20个以上，现代农业、现代服务业相关行业10个以上；建设培育1000家以上的产教融合型企业，重点打造200个以上产教融合创新平台和实训基地。

（四）朝着南方职教高地而"进"，现代职业教育体系正在加快构建

改革开放给珠三角带来前所未有的经济发展速度，但是职业教育没有跟上经济发展的速度。广东省创造大量的就业机会却不能有效配置技术工人等人力资源，只能依靠大量外来劳动力补充。经过近半个世纪的发展，珠江三角洲建设已经迈入世界级大湾区——粤港澳大湾区建设时代，抓住机遇发展好教育，培养数以千万计的高素质劳动者和数以百万计的创新型、应用型、技能型人才，是粤港澳大湾区建设世界级城市群的首要条件。因此，只有打通中等职业教育、高职教育、职教本科教育、职教研究生教育，构建与普通教育具有同等重要地位，且适应经济产业发展的现代职教体系，才能满足现代产业体系对各个层次的技术技能人才的需求。

截至2020年，广东省共有独立设置的中职学校396所，共有44所国家中等职业教育改革发展示范校和49所省级中等职业教育改革发展示范校。截至2020年全省中职学校在校生86.7万人，与2019年相比增加0.7万人。截至2020年年底，广东共有87所独立设置高职院校，全日制高职在校生规模为117.8万人，较2019年的89.4万人（不含2019年扩招2020年春季入学学生），增加28.4万人，增幅31.8%。2020年，高职录取53.3万人，招生规模较2019年增长59.5%，是2018年的2倍。

2020年，广东省中职毕业生升入高一级学校继续学习的学生总数为85 615人，占毕业学生总数的36.83%，比2019年的32.9%提升了近4个百分点，比2018年的23.0%提升了近14个百分点。广东省中职学校学生升学深造渠道通畅，主要有通过对口单独招生考试升学、五年一贯制升学、三二分段制升学、技能拔尖人才免试升学、高职高考升学和其他方式升学等。本科层次职业教育目前主要通过专业试点的方式开展，包括中本、高本贯通人才培养模式，中职、高职与应用型本科院校合作开展本科层次职业教育，打通技术技能人才的上升通道，以及在区域层面内成立联合应用技术大学，鼓励部分高职院校结合优势专业试点四年制本科。2021年1月，教育部先后印发了《本科层次职业教育专业设置管理办法（试行）》《本科层次职业学校设置标准（试行）》，广东省的本科层次职业教育将在下一步大规模开展，真正将职业教育推向与普通教育同等重要的位置。

（五）向着社会资金而"引"，民办高职院校办学模式多样化

1993年教育部颁布了《民办高等学校设置暂行规定》，此后，广东省大批先觉人士、企业家和社会团体陆续加入我国民办高等教育行列。民办高职的发展模式呈现出投资主体多元化、发展模式多样化的趋势。民办院校与公办院校协调发展，形成多元办学格局。至2019年年底，广东省共有独立设置高职院校87所。其中民办高职院校占总体规模的30%。通过其办学资金来源的渠道和运作方式的差异，可归纳以下四种主要办学模式：

其一，叠加式发展模式（以学养学）。企业家前期投入一定的运作资金，后期利用收取学费扩大学校规模，改善办学条件，依靠学费的积累不断发展壮大。当前广东省有很多民办高职都是依靠这种模式发展起来的。比如，广州科技职业技术大学、肇庆工商职业技术学院等学校就是其中的典型代表，这类院校已经有了一定的发展基础，如想要更快发展，提高办学档，必须向外引入资金。

其二，带动式发展模式（以产养学）。这种模式是依托企业集团、大中型私营企业或个人的投资，依靠高质量的办学水平赢得市场信誉，通过教育与产业的高度融合，带动民办高职良性运转和产业的高速发展，如广东东软学院是由东软集团联合亿达集团共同投资创办的一所民办高职院校。学院参考企业的现代管理与运行机制进行经营管理，有效提高了管理水平，获取了良好的办学效益。

其三，教育股份制模式（资本联合）。这是由最初合资办学演化而来，随着学校的发展，资金要求越来越多，因此投资人数和投入资金也要求不断增加，为了区别投资者投入资金或力量的多少而采取的一种股份制办学模式。这种办学模式最大的特点是在一定范围内可以平衡教育公益性和资本利益性之间的矛盾，是目前广东省民办高职发展值得推广的一种模式。私立华联学院明确教师可以用知识和技术入股，是全国第一所实行教育内部股份制的民办高职，2007年，学院通过国家评估，获得办学许可证，明确办学类型为高职技术学院。这类学校充分利用市场经济规律，大胆运用现代化运作模式，极大地推动了现代学校运作体制的建立，有利于学校办学资金的募集。

其四，连锁经营模式（教育集团）。社会中具有法人资格的教育集团投资创办民办高职院校，集合其下属的其他教育产业对这些高职院校进行统一的经营管理。随着社会对教育需求的不断扩大，广东省很多以民办高职院校为龙头的教育集团应运而生，如广州岭南教育集团、广州华商教育集团等。

四种模式相比较，各有优势和劣势，从目前的发展形势和社会要求来看，以学养学叠加式发展模式发展的速度会比较缓慢，只能维持小规模；以产养学的带动式发展模式和教育集团连锁经营模式应该代表广东民办高职发展的方向。

二、广东省高职教育发展面临的问题

（一）社会对高职院校的认识有偏差

广东省高职教育整体规模不断提升，但是数量的增长却不代表内涵的提高。长期以来，社会对高职教育有误解，认为它们属于"三差情况"——"办不成好高校的学校，才办成高职院校；留不了普通高校的教师，才到高职院校任教；考不上本科学校的学生，才到高职院校就读"。相对本科高等教育，高职院校给人以"差校、差师、差生"的"三差"印象。部分家长不断向其子女灌输这样的思维：不好好读书，就只能读高职，以后就只能当工人。部分企业招聘或划定薪水视学历为上，据权威第三方调研机构麦可思的调查，本科毕业生通常比高职毕业生起薪点高，上升空间也大。有些高职院校自身也给出不良导向，大打升本牌，以成人教育"专升本"方式把学生向普通高等教育层面输送。

广东省高职教育在全国范围内属于教育强省，但是相对其经济地位和对技术技能人才的需求来看，广东省对高职教育的重视程度仍然相对不足。相较于建立研究型大学的热情，政府及社会对建立好独立的职业教育体系的力度相对不足，财政资金投入、人才引进，以及支持本科层次职业教育体系建设的力度相对滞后。

（二）师资力量相对薄弱

广东省教师数量不足，教师结构尚需完善，与广东省高职教育迅猛发展的现状不协调。广东省高职在校生规模已经超过本科生。2019 年高职院校在校生为 828 337 人，教职工只有 50 536 人，专任教师更是只有 37 260 人，生师比为 22.23∶1，高于《普通高等学校基本办学条件指标（试行）》规定的高职院校生师比 18:1 的标准。由于高职教师数量少，造成教师教学负担过重；由于培训力度和继续教育的力度不够，造成教师接受新经济形式和新技术的能力不足。近年来，广东省高职院校的大规模扩招，学生的招录速度远快于师资扩充的速度，更是加剧了这一问题。

广东省高职院校的教师一般是来自普通高校的毕业生和普通高校教师，他们的理论知识很丰富，但是在动手实践、技能操作应用等方面却经验不足，往往停留在理论讲授，难以有效指导学生掌握实践技能。广东省高职院校也有来自企业的教师，但是总体比例不足，或者有实践经验的教师，没有经过良好的教学能力训练，在高职院校显得水土不服。广东省高职院校需要进一步加强校企合作、工学结合，鼓励大企业的技术人才和一线管理者，以各种形式补充为高职教育的师资。同时激励高职院校现有教师主动与企业接触，以到企业挂职锻炼、开展科研项目、联合生产等方式，提升自己的实践能力。此外，高职院校还要在评聘高一级职称时侧重对技能水平的考核。

（三）体制机制不适应

和全国各地的高职教育一样，广东省高职教育在管理体制上，存在多头管理，职业技术教育资源难以整合和共享，职业院校的设置、编制、经费、管理等方面标准不一的问题。在评价机制上，存在按普通教育考评职业技术教育的倾向，符合职业技术教育特点的考核评价尚未完全建立。在内部管理上，职业技术学校的教学体系课程设置和教学方法等改革还有待进一步深化，学校内部运行机制活力不够。职业教育多元化办学方向是对的，但多头管理则带来了许多需要解决的问题。在实际工作中，多头管理、政出多门、资源分散、效益低下等问题很突出，主要表现在职业学校管理方面。由于管理部门不同，造成许多政策不同。例如，学校级别和拨付经费标准不同，教师工资待遇和职称评定标准不同，毕业生获取职业资格证书的等级、工作身份和待遇不同。同类学校不同政策，产生了许多矛盾。同一区域，出现了重复办学，学校整合难，教育资源浪费的问题。近年来，广东省各地市为调整职业教育管理体制做了不少努力，但由于完整独立的现代职业教育体系尚未建立，职业教育的管理、升学等制度仍然不明晰。

（四）企业参与职业教育积极性不高

职业教育要又好又快发展，关键之一是抓好产教融合、校企合作。企业对高职教育的支持，不仅表现在接受学生实习实训和教师下企业锻炼，还应深度参与职业院校人才培养目标、教学计划和教学大纲的制订，参与职业院校校内外实训基地的建设等。《职业教育法》规定：企业、事业组织应当接纳职业学校和职业培训机构的学生和教师实习；对上岗实习的，应当给予适当的劳动报酬。目前，在职教的产教融合、校企合作方面，职业院校积极性高，企业相对被动。主要原因是企业与学校责、权、利不明确、不均等，企业只有义务和责任而没有利益。企业参与职业教育教学实习等工作，需要配备专门的指导人员，企业人员工作的质、量可能会受影响，有些企业还要承担学生因技术不熟练而损坏机器设备或发生安全事故等风险，而且国家对企业支持职业教育的税收优惠和经费补偿政策也不够完善。目前，广东省出台了系列支持产教融合、校企合作的政策，刺激行业、企业参与技术技能人才培养，但是行业、企业的真正内驱力还没有形成。

（五）专业同质化，办学特色不明显

在当前"以特立校，以质兴校"及各类高校高度竞争的时代，高职院校能否在竞争中占有一席之地关键在于能否利用自身灵活的体制条件，以市场和社会需求为导向，建立自己的特色，及时调整不合适市场需求的专业，创办能为当地经济发展和培养实用型技术技能型人才的主打专业。深圳信息职业技术学院植根于深圳强大的ICT（信息和通信技术）产业集群和优渥的创新生态体系，70%以上的专业都紧密契合信息产业的研发、应用和服务，是面向新一代信息技术和国家安全战略专业体系比较完备的高职院校之一。广州铁路职业技术学院是广东省唯一一所以培养轨道交通特有专业人才为主的全日制高职院校，学校坚持"做优轨道交通类专业、做强先进制造类专业、做精电子信息类专业、做实现代服务类专业"的办学理念，建有7大专业群，对接轨道交通、智能制造装备等高端产业的工科专业超过75%。东莞职业技术学院依托东莞先进的制造业基础、有力的财政支持、深度的校企合作，紧紧围绕东莞产业由"五大支柱四大特色"向"智能制造+五大新兴"发展的趋势，持续、动态调整专业结构；学校建立了"资源共享、优势互补、定位清晰"的专业群建设机制，依托东莞高端化智能终端产业等优势产业，携手华为等行业领军型企业，重点打造电子信息工程技术、印刷媒体技术等高水平专业群。

过去20年，广东省许多高职院校，特别是民办高职院校，专业设置以招生热度为导向，大量开办热门专业，导致某些行业的技术技能人才培养量过剩，而有些行业的技术技能人才缺乏。一些高职院校因为经费有限或教师结构不平衡等因素影响，因费用或因人设专业，专业设置以实训条件要求不高、投入较少的文科为主，导致了办学水平难以提高，办学重复严重，缺乏特色。据广东省部分高校的资料汇总显示，开设商务英语专业的学校数量占全省学校数量的比重达70%，开设物流管理、市场营销、工商企业管理的比重分别为60%、55%、50%。专业设置同质化程度越高，不仅未来将面临激烈招生竞争，更是会造成毕业生结构性相对过剩或失业，加大就业压力。随着高职院校专业群建设和专业群动态调整机制的提出，广东省高职院校的专业群建设在实行重大变革，一些落后专业正面临取消，契合产业发展的专业群格局将逐渐形成。

（六）高职教育的层次需要完善

人各有长，人的才能也各不相同，有些学生擅长理论学习，有些学生则动手能力强。高职教育为技能型人才的成长提供了条件，但到目前为止，高职教育的层次依然局限于专科，这不符合技能型人才成长需要，也影响了高职教育的进一步发展。20世纪90年代以来，关于高职教育的类型与层次问题一直是教育界的热点问题。随着我国高职教育与经济社会的同步快速发展，高职教育属于高等教育的一种新类型已经成为共识。因此，在经历21世纪初一段时间的高职教育内涵发展之后，必然探索本科层次，以至研究生层次的高职教育，这既是高职教育界的愿望，也是用人企业和受教育者的期盼，同时也是高职教育自身发展规律的迫切要求。

三、广东省高职教育发展措施

（一）应摆正高职教育与普通高等教育的关系

作为高等教育两大体系的高职教育与普通高等教育，并不是完全分隔、不可逾越的，两者只是教育类型的差别而无层次的差别，应是平行发展而不相互替代；两者之间可以相互沟通、相互渗透、取长补短。我国高职教育应该具有的特点包括以下五个方面。

一是高职教育是面向基层，面向生产服务一线，培养实用的符合社会生产、生活和服务实践职业岗位所需要的高级的应用技术技能型人才，使之成为主要在生产、生活和服务一线岗位工作，并主要从事成熟理论与技术的应用和操作的高级技术和管理人员。学生毕业即能基本顶岗工作。

二是高职教育的专业要根据社会需要设置并能够及时调整，以社会职业岗位分工的需要为中心问题来考虑。教学计划与课程设置按照适应职业岗位群的职业能力和职业素质要求加以确定。

三是高职教育特别强调通过设置和实施大量真实或模拟未来职业岗位实际需要的实践与训练课程促进相应技艺的掌握、技能的形成和素质的形成，同时要求基础课的设置与学习以"必需"和"够用"为尺度，强调基础理论的选择与学习为专业实践和实现专业培养目标提供更有效的服务。

四是高职教育更强调和重视校企合作、校社联手的办学模式，在办学理念、培养计划、实验实训等各方面都应体现时代要求，真正做到以地方为中心，以就业为导向，以终身教育为目标。

五是高职教育师资要实行"双师型"，毕业生要实行"多证制"。高职院校应培养既能胜任理论教学又能指导学生实践的教师高职教育的毕业生在毕业时取得代表其学识的学历证书的同时,还应该取得代表其职业能力和技术水平的职业资格证书或技术等级证书。

(二)高职教育必须依靠政府的支持,充分借助社会力量

高职教育必须要有政府的支持和投入,充分利用社会力量办学,尤其是工科院校的高职教育。要考虑目前中国的特点,承担起为企业培训技术人才和管理人才的任务。要将自己定位成企业的学校,将企业发展为自己的实验实训基地。

我国职业院校现在已大力推行产教融合,校企合作,但是行业与企业的参与仍然缺乏内在动力;除了一些在探索的行业之外,绝大部分行业还没有被社会广泛认可的行业标准培训包或其他标准的职业教育产品,没有严格按照行业标准来规范教育产品。对学校的质量评估通常强调的是学历与专业技术职称,而对于企业的经验和技术能力等往往缺乏要求,更无法规的约束。行业一方面抱怨职业院校教给学生的知识和技能不能满足生产第一线的需求,另一方面又常常缺少企校合作的动力,需要政府有关部门制定相应的优惠政策和规定,调动企业参与职业教育的积极性。我国要建设一流的完善的职业技术教育体系,必须创新国家职业技术教育管理体制,建立国家、省(区、市)两级的协调机构来统筹全国的职前职后的各级各类职业教育和培训工作。要从宏观层面上统一协调、规划,集聚和优化社会各方面的资源,开发中国特色的统一的标准职业教育产品,使各职业院校有优质教育资源提供给学生。

高职教育要与当地经济社会发展紧密结合,只有适应区域经济要求,体现地方经济特色的高职教育才有生命力。为此,省级政府应加强对高职教育的统筹管理,促进高职教育更好地为当地经济建设服务。另外,政府要下放高职院校的办学权力,逐步扩大高职院校在办学、招生、专业设置、学籍管理、课程开发与安排、教师聘任、教材选用等方面的权力,落实高职院校的办学自主权。明确政府在高等教育发展中的责任,加大投入力度,充分运用财政手段进行宏观调控,建立政府、社会多元投入的职业教育经费来源体系。为了使办学经费来源途径多元化,职业教育机构必须通过与行业、企业建立战略联盟,以及面向行业、企业、社区培养特色人才等多种模式,来获得不同渠道的经费支持。

(三)以就业为导向是发展高职教育的关键

高职教育以就业为导向,在一定意义上可以说,就业状况是衡量高职教育成效的综合性指标。而有多方面因素影响学校就业,其中有两个方面的因素最

为重要：一是沟通政府、市场和学校的关系，这是具有机制性作用的因素。在市场经济条件下，就业由劳动力市场的供求关系调节，以就业为导向实际上就是以市场为导向，以社会市场经济为导向。而学校能否主动适应就业市场的一个重要条件就是政府能否保证学校享有面向市场的充分的自主权；能否通过法规、政策、信息等多种手段，调控学校与市场的关系。二是处理好人才培养的针对性和应变性的关系。高职教育强调职业岗位群的针对性，这种针对性有助于强化职业能力培训，在就业市场上会有独特的优势。但是，在产业结构和技术结构变化迅速的条件下，职业和岗位也处于不断变化之中，过于强调针对性，必然会使专业过窄，职业知识和能力受限，难以适应就业市场的变化，因此，高职院校要以就业为导向，协调政府与学校的关系。同时，依据学校的办学条件，有针对性地调整和设置专业，增强学生的就业能力，充分发挥人才培养功能与社会服务功能，以适应就业市场的变化。

高职教育作为高等教育的半边天，其教育目的就是向社会各行各业输送直接上岗的专业技术人才，不牢牢把握就业方向，高职教育就脱离了职业教育的本质。因此，必须进一步确立高职教育的就业导向，坚持在教育目标确定、专业设置、人才培养等各方面落实就业导向的原则。实施以就业为导向的高职教育，科学评价高职教育的效果和质量，关键是要以科学的人才观为指导，建立以就业率、就业对口率等为核心指标的高职教育评价指标体系，从学校发展的不同角度和侧面来评估就业的质量和学校的办学水平。

（四）学生能力建设是发展高职教育的根本

在知识革命迅速兴起的背景下，能力建设日益成为人力资源开发的核心，它覆盖各级各类教育。对于高职教育，能力建设更具有特殊的意义。因为高职教育的目标是培养面向生产和服务第一线的高素质技术技能人才。能力尤其是实践能力的培养应该是高职教育的优势所在。高职教育要注重能力的培养，只有这样才能适应就业的需要。在高职教育中体现能力建设为本，教学不仅要考虑知识序列的要求，还要考虑能力序列的要求，构建理论教学体系与实践教学体系相结合的教学体系，实现知识和能力并进。能力建设为本，必须突出课程体系的应用性，实习场地和实践基地的建设，坚持产教融合、校企合作的道路。能力建设为本，应建立和完善能力考核制度，实行学历教育和证书教育并重的教育制度，努力实现毕业生具有学历证书和职业资格证书两种证书，为他们就业提供充足的准备。

高职教育服务中国特色乡村振兴战略研究

（五）"双师型"师资队伍建设是发展高职教育的重要保证

对"双师型"教师的内涵众说纷纭，笔者认为，对"双师型"教师内涵的探讨，应以"能力"为视点展开。从外延上讲，"双师型"教师属专业教师，应具备相应行业的知识和技能。从形式上看，"双师型"教师必须持有"双证"，即教师资格证和职业技能等级证。"双师型"教师是指职业学校教师在具备教师资格证的同时，也要具备相关专业的技能资格证，既是教师又是工程师。因此，"双师型"教师，是指职业学校专业教师既要有一定的理论知识，又要有相应的专业实践技能，既是理论教师，又是实训教师，具备了双师素质的教师。"双师型"师资队伍是高职教育的基本特征和重要保证。为了构建"双师型"教师队伍，学校鼓励教师下企业锻炼，促进教师教学、生产结合。在教学与生产的过程中，将新科学、新技术与新工艺的推广嫁接和应用紧密结合。外树专业品牌，内强教师素质，突出专业技能教育，全面提升教师素质。加强"双师型"教师队伍建设，需进一步深化校企合作，内培外聘，多渠道、多方法，扩大"双师型"教师、实践型教师比例。在高职内设置教师发展中心，建设独立技术示范学院，培养合格的职业学校"双师型"师资队伍。

（六）加强对外交流与合作，创造更广阔的发展空间

各高职院校充分发挥自己的特长，优势互补，进行校校合作。从彼此熟悉的专业或学科做起，合作双方共同探讨学科规划与专业教学计划的制订与实施，以网络视频会议和实地考察交流活动形式，积极寻求在高级应用型人才培养方面的合作点，建立合作互动机制，实现互利双赢。实行城乡合作办学和跨地区合作办学，利用城市和发达地区的资源优势，带动欠发达地区和为农村服务的高职教育发展。高职教育要加强与世界各国尤其是与发达国家的交流与合作，积极与国外教育机构、企业等建立联系，关注国际职业教育的发展趋势，加强对外合作，开展以知识和技能为基础、适应国际劳动力市场需求的职业教育。鼓励教师和学生到国外进行交流，参与国际互联网上的职业教育活动，从发达国家中汲取有利于我国职业教育发展的经验。通过校校合作、跨地区合作、国际合作，形成集团优势，互惠互利，从而为高职教育提供更广阔的发展空间。

（七）持续开展教育教学改革

一是加强专业建设。专业建设是高职院校长期的、根本性的战略任务。在专业设置和调整上，要集中力量，发挥优势，培育特色，增强专业的针对性和

实用性；注重专业建设需要良好的教学设施，因此要加大实训基地和设施的投入，满足学生的实践教学需求，保证学生有实验可做、有资料可查。要将行业的有关专业办成品牌专业，从而使学校在激烈的市场竞争中抢占到有利位置，并对品牌专业进行相关实用技术研究、产品开发、成果孵化，使之产生直接的经济效益；新开专业要以市场为导向，以社会需求为准则，充分发挥地方资源优势和特色人才培养优势，积极探寻市场，发现市场，把供需链条紧紧连接在一起。高职教育要面向经济建设主战场，面向生产、服务第一线，根据区域经济发展战略，本着灵活设置、宽窄并存的原则，改造传统专业、发展紧缺专业，大力推进专业结构调整，努力做到根据市场需要设置专业。专业建设要在全国同层次院校同行业内，做到人无我有，人有我强，人强我特，形成品牌，形成特色。

二是打造突出"实用性"的课程结构。泰勒的课程理论提出"课程选择取决于目标的设定"。高职院校面向地方、服务区域经济发展，以培养地方特色产业所需的技术技能型人才为目标，因此在构建专业课程体系时也要突出"实用性"的特点。除了遵循高职教育专业课程建设的一般规律，如打破学科课程体系、突出能力课程模块、加强实践技能培养等之外，高职院校还应当打破传统的课程建设和教学格局，自主开发符合区域产业特色和专业办学特色的校本课程体系，从课程设置上体现独特的办学优势，提高办学竞争力。首先，可以组织校内专业教师根据学校办学条件和学生知识水平，深入调查区域产业发展和劳动力市场需求情况，开发专业理论课程，按照教育规律科学地安排教学内容、编写课程标准、制定教学大纲；其次，可以充分发挥校企合作的协同育人平台的作用，聘用企业内部的自身行业专业人员为学校开发专业实践课程，以真实的企业生产、培训、运营情境作为课程开发基础，开发出具有仿真度高、实用性强、紧贴产业发展趋势的校本实践课程。

三是打造突出"实践性"的教学环节。校本特色专业课程体系是高职院校开展特色实践教学的基础，校企深度合作和协同育人平台是高职院校开展特色实践教学的前提，可以参照新加坡"教学工厂"的办学模式，也可以直接将教学场所转移到生产企业内，聘任企业内的资深行业专家作为实践教学环节的指导教师，采用项目教学法、工作任务法等具体教学方式，让学生在高度仿真或完全真实的职业环境中进行工作体验，完成指定任务，从而充分了解并熟练掌握相关岗位的工作技能，做到在学中做、在做中学、边学边做，增强实践教学环节的教学效果。

四是打造突出"灵活性"的教学方法。灵活多样的教学方法是提高教学质量的有效途径,要把学生培养成为具有职业岗位群所需职业道德和职业能力的人,尤其是具有职业核心能力,就必须在教学手段上有所创新,综合运用演示法、参观法、讨论法、模拟法、实习实验法、案例法及信息化教学手段,让学生边学边用,以用促学,学以致用。

(八)深化产教融合、校企合作

职业教育要主动并有效地服务乡村振兴战略,必须以产教融合为切入点,深化体制机制改革。《国家职业教育改革实施方案》强调"促进产教融合校企'双元'育人",职业院校应当根据自身特点和人才培养需要,主动与具备条件的企业在人才培养、技术创新、就业创业、社会服务、文化传承等方面开展有效合作。在全面实施乡村振兴战略的当下,高职教育通过产教融合促进乡村振兴战略发展具有重大的现实意义。

加快产教融合人才培养体制机制改革,创新乡村人才培养模式。高职院校要实地调研,根据乡村发展实际,因地制宜地制定具有可操作性、可推广性的人才培养方案。第一,可建立高职院校与企事业单位合作进行人才培养的机制,实施"订单"式人才培养模式。例如,教育部、劳动保障部等六部委联合开展的"职业院校制造业和现代服务业技能型紧缺人才培养培训工程",涉及了全国500多所高职院校,这些院校与企业合作,"订单"式培养数控技术应用、汽车运用与维修、计算机应用与软件技术、护理等四个专业领域的紧缺人才。第二,创新现代学徒制培养模式。通过建立"产教融合、校企合作"的长效机制,与涉农企业开展深度合作,充分发挥校企双主体育人作用,实现课程学习与企业工作的有效对接,提高学生的专业素养和个人技能。第三,以就业为导向实施教学。引入新加坡的"教学工厂"和德国的"项目教学法""行为导向教学法",支持引导企业深度参与学校教育教学改革,多种方式参与学校专业规划、教材开发、教学设计、课程设置、实习实训,促进企业需求融入人才培养环节。

加快转变产教融合人才教育和管理体制改革,创新人才管理方式。一方面,要加强管理队伍建设,可吸引社会名流、专家、学者和企业参与高职院校的管理,着力建设包括农业领域具有话语权的权威人士、企业或生产实践一线的专业技能人才、致力于农业农村发展研究的兼职教师、校内的专任教师、专业带头人等在内的职业教育管理团队;另一方面,要重视涉农专业的内涵建设,在管理方式上,实行职业教育资格标准的国家介入与行业监督并行,提高教育教学的技术含量；在学籍管理和教学管理制度上，推行学分制等更加灵活的教学管理制度，实行分层教学、分专业方向教学和分阶段教育。

此外，根据《国务院办公厅关于深化产教融合的若干意见》的文件精神，要深化"引企入教"改革，鼓励企业依托或联合高职院校设立乡村振兴产业学院和企业工作室、实验室、创新基地、实践基地等，依托乡村振兴产业学院和生产性的实践基地，有效扩大乡村投资，带动科、教、文、卫下乡，全面促进乡村振兴。

# 第四章　高职教育服务珠三角乡村振兴战略的基本现状

一、珠三角乡村振兴战略发展的基本现状

考察高职教育服务珠三角乡村振兴战略的现状，首先应该考察珠三角农村地区经济社会发展现状，尤其是产业结构现状，这是高职教育服务珠三角乡村振兴战略的现实前提和逻辑起点。

（一）珠三角基本情况及战略定位

珠三角是我国改革开放的先行地区，是我国重要的经济中心之一，在全国经济社会发展和改革开放大局中具有突出的带动作用和举足轻重的战略地位。

根据《珠江三角洲地区改革发展规划纲要（2008-2020）》的规划，珠江三角洲地区当前和今后一段时间改革发展的战略定是[①]：一是探索科学发展模式试验区，支持率先探索经济发展方式转变、城乡区域协调发展、和谐社会建设的新途径、新举措，走出一条生产发展、生活富裕、生态良好的文明发展道路，为全国科学发展提供示范。二是深化改革先行区，继续承担全国改革"试验田"的历史使命，大胆探索，先行先试，全面推进经济体制、政治体制、文化体制、社会体制改革，在重要领域和关键环节率先取得突破，为实现科学发展提供强大动力，为发展中国特色社会主义创造新鲜经验。三是世界先进制造业和现代服务业基地，坚持高端发展的战略取向，建设自主创新新高地，打造若干规模和水平居世界前列的先进制造产业基地，培育一批具有国际竞争力的世界级企业和品牌，发展与香港国际金融中心相配套的现代服务业体系。四是全国重要的经济中心，综合实力居全国经济区前列，辐射带动能力进一步增强，形成以珠江三角洲为中心的资源互补、产业关联、梯度发展的多层次产业圈，建设成为带动环珠江三角洲和泛珠江三角洲区域发展的龙头，成为带动全国发展更为强大的引擎。

（二）珠三角社会经济发展水平高，但农业比较效益低下

据《广东统计年鉴（2020）》，至 2019 年年末，就珠三角在广东全省所占比重来看，土地面积占 30.5%，常住人口数 6446.89 万，占全省常住人口总数 56.0%；珠三角生产总值 86 889.05 亿元，占全省 80.7%，其中第一、二、三产业分别占全省 32.8%、82.3%、83.0%；就珠三角情况而言，珠三角生产总值 86 889.05 亿元，其中第一、二、三产业生产总值分别为 1427.68 亿元、

---

① 珠江三角洲地区改革发展纲要（2008—2020 年）[EB/OL], 2009-01-08, http://www.gd.gov.cn/ghgy/wjzl/201008/t20100816-127492.htm.

35 853.63亿元、49617.74亿元，所占比例分别为1.64%、41.26%、57.1%；珠三角常住人口总数6446.89万，其中城镇人口比例为86.28%，户籍人口总数3767.72万人，其中非农业人口占75.58%。从上述基础数据不难看出：珠三角以约占全省1/3的土地面积创造了占全省超过80%的生产总值，已成为广东省经济社会发展的主要引擎；珠三角已经形成以第二、三产业为主体，城镇化水平相当高的总体经济社会发展格局（表4-1）。珠三角社会经济发展水平较高，社会能提供的就业机会也多，其中需受职业教育的就业机会也就增加了。那么，广东省、珠三角的高职院校是否适应广东省和珠三角这种经济社会发展的要求呢？

表4-1 2019年珠三角各地生产总值产业构成

单位：%

城市	地区生产总值	第一产业	第二产业	第三产业
广州	100	1.1	27.3	71.6
深圳	100	0.1	39.0	60.9
珠海	100	1.7	44.5	53.8
佛山	100	1.5	56.2	42.3
惠州	100	4.9	51.9	43.2
东莞	100	0.3	56.5	43.2
中山	100	2.0	49.1	48.9
江门	100	8.1	43.0	48.9
肇庆	100	17.2	41.1	41.7

数据来源：《广东统计年鉴（2020）》。

就农村经济社会发展来看，珠三角2011年农村居民人均纯收入达到了9371.73元，是全国农村居民人均纯收入6977元的1.34倍，相对而言农村经济发展水平较高。就广东全省情况来看，农民收入结构发生了重大变化：统计数据表明，1995年，全省农民人均年纯收入2699元，家庭经营性收入1757元，占65.1%，其中农业收入886元占32.8%；2000年，全省农民人均年纯收入3654元，家庭经营性收入2003元，占54.8%，其中农业收入945元占25.8%；林、牧、渔、二、三产业和工资性收入，转移性收入，财产性收入占74.2%。2006年广东省农民人均纯收入5080元，家庭经营性收入减少到1694元，比重下降到33.4%，其中农业收入仅为877元，比重下降到17.3%；林、牧、渔、二、三产业和工资性收入，转移性收入，财产性收入比重则上升到74.8%。这表明，广东省农民收入已经从以农业收入的稳步增长为支撑逐步转变到以非农产业收入的快速增加为主要动力，呈现了多元化增收的明显特征。这一方面体现了农民生产、就业渠道和发展方式日益多样化，农业农村经济的发展领域进一步扩大；另一方面也表明，在现阶段农业生产经营规模依然小而分散，农业小生产和大市场矛盾还较突出，抵御自然和市场风险的能力还较弱，农业比较效益还较低的情况依然存在。到2019年，珠三角从事第一产业的人口333.55万人，约占三次产业从业总人口的7%（表4-2）。但结合前文数据不难看出，7%的第一产业从业人口仅仅贡献了1.6%的生产总值，说明农业的比较效益仍然比较低，这是珠三角乡村振兴战略的一个重要经济前提。

表4-2 2019年珠三角各地三次产业从业人员数量

单位：万人

城市	合计	第一产业	第二产业	第三产业
广州	1125.89	62.24	266.55	797.10
深圳	1283.37	1.30	509.33	772.74
珠海	161.17	5.97	64.98	90.22
佛山	531.43	20.56	263.24	247.63
惠州	318.29	46.28	144.67	127.34
东莞	711.11	5.71	447.87	257.53
中山	237.21	9.61	133.15	94.45
江门	272.27	77.55	86.54	108.18
肇庆	231.63	104.33	49.30	78.00

数据来源：《广东统计年鉴（2020）》。

(三)推进乡村振兴,需要高职教育积极介入和服务

从经济社会发展趋势角度看,珠三角农村地区对高职教育的需求主要集中在非农产业和工商管理领域,农村劳动力的专业化和职业化程度相对较低,推进乡村振兴战略、实现城乡统筹发展必然要求职业教育尤其是高职教育在培养农村新型劳动力方面积极介入和服务。

从调查情况来看,如表4-3所示,在家庭经济主要来源方面,主要以农产业作为家庭经济来源的仅占10.9%,主要以非农产业作为家庭经济来源的占65.0%,农产业和非农产业相当的占24.1%,说明珠三角农村工业化程度已经相当高;从农产业的主业来看,主要集中在种植业(44.4%)和农产品加工业(48.0%)两个方面;从非农产业的主业来看,主要集中在工业(55.0%)和餐饮业和服务业(25.0%);从工业的主业来看,主要集中在食品、饮料制造业(26.4%),纺织服装、鞋、帽、皮革制品业(27.3%),造纸、印刷、文体用品业(16.0%)以及工艺品及其他制造业(10.0%)。职业教育与经济发展有着相互关联,产业结构的进一步升级,使就业人口比例明显增长,各服务行业的技术、技能的传授,成了职业教育的主要部分。新技术革命还引起了生产技术更新和社会职业要求变化的不断加剧,这使得社会对劳动力的要求不仅限于专业型,注重基础的通用型人才也成了社会生产的一种需要。这表明,珠三角农村地区作为最早对外开放的广东省的最发达经济区域,有着高度城镇化的特征,与传统的内陆农村地区有着不同的工农业产业结构,对高职教育的需求主要集中在非农产业和工商管理领域,这是高职教育服务珠三角乡村振兴战略的现实前提。

表4-3 珠三角农村劳动力的经济收入及从事行业等调查统计

指标		频数/人	百分比/%
家庭经济主要来源	农产业	59	10.9
	非农产业	351	65.0
	两者相当	130	24.1
所在村农产业主业	种植业	240	44.4
	水产业	30	5.6
	牧业	11	2.0
	农产品加工业	259	48.0

续表

指标		频数/人	百分比/%
所在村非农产业主业	工业	297	55.0
	建筑业	32	6.0
	交通运输业	22	4.0
	批发贸易业	54	10.0
	餐饮业和服务业	135	25.0
	林业	0	0
所在村工业主业	食品、饮料制造业	143	26.4
	纺织服装、鞋、帽、皮革制品业	147	27.3
	木器、家具制造业	43	8.0
	造纸、印刷、文体用品业	86	16.0
	医药、化学制品业	4	0.7
	冶炼矿物加工业	16	3.0
	机械、汽车、设备制造业	9	1.6
	通信设备、计算机及其他电子设备制造业	38	7.0
	工艺品及其他制造业	54	10.0

注：本表数据源于本课题组"高职教育为珠三角乡村振兴战略服务问卷调查"的数据整理。如无特别说明，本书报告的图表中数据均来源于此。

2000年以来，广东省农村劳动力的文化程度整体上有一定程度的提高。但同时，农村劳动力的文化程度主要是以小学程度、初中程度为主，高中程度、中专程度和大学及其以上程度所占比例仍然是比较低的。由于小学和初中阶段主要是义务教育阶段，接受的是基础教育，职业教育的内容涉及甚少，农村劳动力的专业化和职业化程度相应较低，农业的现代化、产业化对劳动力的素质提出的新要求，使职业教育成为必需，劳动力接受新技术、提高其基本的职业素养都必须依靠职业教育来完成。珠三角农村劳动力整体受教育程度依然不高，综合素质与职业技能素养依然较为欠缺,还是与当地产业结构升级转型,以及建设城乡统筹的乡村振兴战略的要求有较大的差距。加快推进职业教育,以充分挖掘珠三角乡村劳动力资源潜力的任务十分迫切。

传统农业的从业人口比重不断降低、第二产业和第三产业从业人口比重快速上升,正是当前珠三角乡村振兴战略的基本趋势和基本着力点。相对于传统农业而言,制造业、建筑业、批发和零售贸易、住宿和餐饮业均需要更多的技术和专业技能,仅仅依靠九年义务教育是无法满足的。伴随着经济的快速发展和二、三产业的迅速发展,一大批素质较高的农村劳动力离开农业,转移到二、三产业,转移到城镇,农民就业渠道拓宽了,收入增加了。但由于转移出去的农村劳动力大多是有一定文化的青壮年,导致农业劳动力结构性短缺、素质下降,影响现代农业的加快发展。培养新型农民的力度必须进一步加大。因此,从广东省农村地区行业分布及其发展趋势上看,推进乡村振兴战略、实现城乡统筹发展必然要求职业教育,尤其是高职教育在培养农村新型劳动力方面积极介入,积极服务。

二、高职教育服务珠三角乡村振兴战略的情况

中共中央办公厅、国务院办公厅印发的《关于推动现代职业教育高质量发展的意见》中提出,要优化职业教育供给结构,围绕国家重大战略,紧密对接产业升级和技术变革趋势,优先发展先进制造、新能源、新材料、现代农业、现代信息技术、生物技术、人工智能等产业需要的一批新兴专业;支持办好面向农村的职业教育,强化校地合作、育训结合,加快培养乡村振兴人才,鼓励更多农民、返乡农民工接受职业教育。那么,作为与地方经济社会建设和发展联系紧密,并且办学力量和办学水平都在职业教育体系中居于重要位置的高职教育,在何种程度上和哪些领域介入了珠三角乡村振兴战略?服务效果如何?社会认同度如何?以下将结合本课题组的调查数据进行分析。

(一)户籍人口中接受过高职教育的人口回村工作比例低和专业不对口现象突出

调查发现,所调查的珠三角9市均有接受过高职教育的户籍人口,但各市的比例存在较大差异。从户籍人口中接受过高职教育的人口回村工作比例来看,认为回本村工作占"大部分"的仅76人(14.1%),"一半左右"的162人(30.0%),"小部分"的302人(55.9%),可见受访群体中,大部分接受过高职教育的

户籍人口未回到本村工作（表4-4）。究其原因，就客观层面而言，城镇相比乡村能提供更多的工作岗位和更好的职业发展机会，乡村经济相对滞后，且乡村振兴战略中尚未能建立良好的人才吸引机制。从主观上讲，可能与高职教育毕业生的就业理念有关，大部分毕业生还是更倾向于去城镇工作，对回乡村就业积极性不高。从接受过高职教育的人口的专业对口状况来看，认为"完全对口"的仅有27人（5.0%），认为"基本对口"的187人（34.6%），认为"不大对口"的315人（58.3%），认为"完全不对口"的11人（2.1%），有超过60.4%的被访者认为回村工作的接受过高职教育的人专业不大对口或者完全不对口（表4-5）。这可能与高职教育的"离农"①倾向导致的专业设置与乡村振兴战略所需人才不匹配相关。

表4-4 接受过高职教育的人口中回本村工作的比例

		频数/人	百分比/%	有效百分比/%	累积百分比/%
有效	大部分	76	14.1	14.1	14.1
	一半左右	162	30.0	30.0	44.1
	小部分	302	55.9	55.9	100.0
	合计	540	100.0	100.0	

表4-5 接受过高职教育的人从事的工作是否与其所学专业对口

		频数/人	百分比/%	有效百分比/%	累积百分比/%
有效	完全对口	27	5.0	5.0	5.0
	基本对口	187	34.6	34.6	39.6
	不大对口	315	58.3	58.3	97.9
	完全不对口	11	2.1	2.1	100.0
	合计	540	100.0	100.0	

---

① 郭小建，齐芳.高职教育在新型职业农民培育中的优势、问题与改进策略[J].黑龙江高教研究，2021（5）：108-113.

（二）高职教育与农村开展项目合作比例较低、为村民提供培训的机会较少

如表 4-6 所示，仅有 130 人（24.3%）被访者表示其所在村或村办企业与高职院校开展过合作项目，对于城镇化、工业化发展程度较高的珠三角农村而言，这个比例无疑是非常低的。可见，高职教育介入珠三角乡村振兴发展的程度比较低。如表 4-7 所示，在对"所在村与高职院校开展过的合作项目主要是"这一问题的回答中，回答"为高职院校学生提供实习基地"的是 84 人（64.6%），回答"与高职院校合作开展研发项目"的是 18 人（13.8%），回答"为本村村民提供培训"的是 28 人（21.6%）。上述数据表明，尽管高职院校与乡村振兴发展中已经涉及实习基地、合作研发和提供培训等合作项目，但较深层次的对乡村振兴战略有着重要推动作用的服务尚未成为主体，可见，高职院校与乡村振兴发展的合作在内容的广度和深度上都仍有很大的提升空间。而当问及"您所在的村是否有高职院校提供的培训机会"时，如表 4-8 所示，有 275 个被访者回答"没有"，占被访者总体的 51.4%，除此之外，回答"不清楚"的被访者有 110 人（20.6%）。可见，高职教育为农村提供职业和技能培训的比例也不高，而为数不少回答"不清楚"的被访者数据表明，高职教育在农民的心目中的影响较小，关注度不高。以上同样说明，高职教育介入珠三角乡村振兴战略的程度比较低。

表 4-6 您所在的村或村办企业是否与高职院校开展过合作项目

		频数/人	百分比/%	有效百分比/%	累积百分/%
有效	有	130	24.1	24.3	24.3
	没有	405	75.0	75.7	100.0
	合计	535	99.1	100.0	
缺失	系统	5	0.9		
合计		540	100.0		

表 4-7 所在村与高职院校开展过的主要合作项目类型

项目类型	频数 / 人	百分比 /%
为高职院校学生提供实习基地	84	64.6
与高职院校合作开展研发项目	18	13.8
为本村村民提供培训	28	21.6
合计	130	100.0

表 4-8 您所在的村是否有高职院校提供的培训机会

		频数 / 人	百分比 /%	有效百分比 /%	累积百分比 /%
有效	有	150	27.8	28.0	28.0
	没有	275	50.9	51.4	79.4
	不清楚	110	20.4	20.6	100.0
	合计	535	99.1	100.0	
缺失	系统	5	0.9		
合计		540	100.0		

(三)高职教育对农村影响程度较大,主要影响着农村经济发展和乡风文明的改善

"产业兴旺、生态宜居、乡风文明、治理有效、生活富裕"是乡村振兴战略的总体要求。如表 4-9 所示,高职教育对珠三角的乡村振兴战略发展已经呈现出一定的影响,被访者中认为高职教育对本村的影响"很大"的有 30 人(5.6%)、"较大"的 205 人(38.4%)、"一般"的 198 人(37.1%),三项合计为 433 人(81.1%),也就是说,有超过八成的被访者认为高职教育已经对他们所在的村产生了一定影响。表 4-10 则进一步显示了高职教育对乡村振

兴战略发展已经产生影响的领域。整体上看，高职教育对珠三角乡村振兴战略的经济、文化和政治方面都产生了一定影响，其中对农村经济发展的影响最大，其次是乡风文明改善，分别有46.8%和30.1%的被访者认为高职教育对上述两个方面产生了较为显著的影响，而对政治民主推进的影响则较小，仅有11%的被访者持赞成看法。

表 4-9　高职教育对本村的影响程度

		频数/人	百分比/%	有效百分比/%	累积百分比/%
有效	很大	30	5.5	5.6	5.6
	较大	205	38.0	38.4	44.0
	一般	198	36.7	37.1	81.1
	较小	92	17.0	17.2	98.3
	几乎没有	9	1.7	1.7	100.0
	合计	534	98.9	100.0	
缺失	系统	6	1.1		
合计		540	100.0		

表 4-10　高职教育影响本村的主要领域

		频数/人	百分比/%	有效百分比/%	累积百分比/%
有效	农村经济发展	252	46.7	46.8	46.8
	乡风文明改善	162	30.0	30.1	76.9
	政治民主推进	59	10.9	11.0	87.9
	其他	65	12.0	12.1	100.0
	合计	538	99.7	100.0	
缺失	系统	2	0.04		
合计		540	100.0		

第四章　高职教育服务珠三角乡村振兴战略的基本现状

（四）对高职教育服务乡村振兴战略的评价呈现出满意度较高和信心较低的矛盾心态

高职教育服务乡村振兴战略的效果，既是对高职教育介入乡村振兴战略行动效果的重要评价指标，又是进一步推进高职教育服务乡村振兴战略的重要现实基础。如表4-11所示，380名被访者（70.4%）表示对高职院校服务当地乡村振兴战略表示"满意"，说明当地对高职院校服务乡村振兴战略的满意度还是比较高的，这是高职院校服务珠三角乡村振兴战略的良好现实基础。而当问到"您对将来高职院校更好地服务当地乡村振兴战略有信心吗"时，表示"有信心"的被访者为290人（53.7%），表示"没信心"的被访者为250人（46.3%）。通过与满意度调查结果比较，不难发现，被访者对高职教育将来更好地为乡村振兴服务的信心比较低。那么，为什么有较高的满意度却出现较低程度的信心呢？两者看似矛盾，实则反映了当前珠三角乡村一方面对当前的高职教育服务乡村振兴战略有着较为迫切的期望，另一方面又担心当前的高职教育不能适应其发展的需要的矛盾心态，这个问题将在后续关于对高职教育在珠三角乡村振兴战略中的社会认同状况部分进一步分析和说明。

表4-11　对高职教育服务乡村振兴战略的评价和信心

您对当前高职院校服务当地乡村振兴战略的现状满意吗			您对将来高职院校更好地服务当地乡村振兴战略有信心吗		
	频数/人	百分比/%		频数/人	百分比/%
满意	380	70.4	有信心	290	53.7
不满意	160	29.6	没信心	250	46.3
合计	540	100.0	合计	540	100.0

三、珠三角农村对高职教育的认知与社会认同情况

观念是行动的先导。高职教育在社会观念中所处地位如何,直接影响到人们对职业教育的支持程度。就我国而言,由于封建社会遗留下来的轻视体力劳动和体力劳动者以及学而优则仕的陈腐观念,我国生产力发展不平衡、教育发展水平低下等现状,对现代职业教育的性质和功能缺乏深刻、全面的认识,社会对职业教育还存在以下错误观念:职业教育"低层次观"。这种观念认为职业教育是一种低层次教育,中等职业教育是高中阶段教育的低层次,高职教育是高等教育中的低层次,视职业学校毕业生低人一等,相应地,在各方面均对职业教育有意无意地采取歧视政策。职业教育"淡化观"。这种观念认为发展职业教育是适应 20 世纪 80 年代为了缓解高中阶段教育升学难的矛盾,是历史发展的需要,这个阶段过去了,职业教育也就不那么重要和需要了,可以逐步淡化和缩小规模。这种观念导致了对职业教育的支持力度不够,使职业教育地位不高。珠三角是我国经济社会发展的前沿地区,现代职业教育体系发展相对比较健全,高职教育服务社会的功能也在随着当地经济社会发展和职业教育改革发展不断得到重视。本书以高职教育服务珠三角乡村振兴战略为基点,设计了一组问题来了解珠三角高职教育的社会认同状况。具体从如下几方面来展开探讨。

(一)对高职教育的了解程度

珠三角农村居民对高职教育的整体了解程度较低。表 4-12 显示了被访者对当地高职教育的了解状况。数据显示,整体而言,被访者对当地高职教育的了解程度不高,其中"十分了解"的 37 人,仅占 6.9%,"比较了解"的 69 人,占 12.8%,"一般"的 108 人,占 20.1%,三项合计仅占 39.8%,只有不超过四成的被访者对高职教育有了解。而"不太了解"和"完全不了解"的分别有 267 人和 56 人,达到 60.2%,有近六成的被访者对当地高职教育不太了解或者完全不了解。上述数据表明,珠三角的农村对高职教育的认知和了解程度仍然比较低,这启示着将来高职教育要更好地服务于当地乡村振兴战略,必须通过加大宣传力度和更深度介入当地经济社会发展来提高当地居民对高职教育的了解和认知程度。

表 4-12 对当地高职教育的了解程度

您对当地的高职教育的了解程度如何		频数 / 人	百分比 /%	有效百分比 /%	累积百分比 /%
有效	十分了解	37	6.9	6.9	6.9
	比较了解	69	12.8	12.8	19.7
	一般	108	20.0	20.1	39.8
	不太了解	267	49.4	49.7	89.5
	完全不了解	56	10.4	10.5	100.0
	合计	537	99.4	100.0	
缺失	系统	3	0.6		
合计		540	100.0		

（二）对高职教育的社会认同

从全国的情况来看，当前我国高职教育的社会认同度还较低，在高等教育大发展中，高职教育并未能真正成为发展的重点，更未能承担起主要增量的作用。在就业市场上，高职教育范畴的专科层次毕业生就业率还较低，同时不少高职院校生源不足且新生报到率逐年下降。这些现象都说明，我国高职教育发展已处在一个尴尬的关头，必须加以重新审视。与国家政策指引的方向一致，诸多学者提出高职教育要通向农村[①]，认为高职教育只有真正地通向农村，才会有更广阔的发展天地，才能真正焕发生机和活力，才能为我国的农业和农村经济发展建立起合适的智力支持系统。

但是，高职教育要为农村和农业发展服务，首先是要获得农村的社会认同。高等教育具有社会分层和升迁功能，特别是在当前，人们对高等教育的趋求表现出强烈的功利性。而且，随着市场经济的逐步完善，个人的经济收入与受教育程度的联系日益紧密，从而形成社会公众进行教育投资、接受高等教育的根本动力。同时，我国中心城市的兴起和迅速现代化使得城市与大多数农村的差距进一步拉大，广大民众和大学生包括农村大学生对城市更加向往。因此学生

---

① 黄鸿鸿. 高职教育要通向农村 [J]. 教育发展研究，2003（7）：38-40.

往往会选择容易留在城市的专业就读，而农、林、牧、矿、水等专业就读人数很少。毕业生择业取向也首先是大中城市，形成了明显的就业城市化倾向。农村学生一旦抓住了这个有限的教育机会，往往借此跳出农门，与农村脱离关系。

珠三角农村对高职教育的社会认同状况如何呢？本书设计了一组三个问题来了解珠三角被访者对高职教育的看法。如表4-13所示，高职教育作为一种教育类型，应和普通高等教育处在同等地位。被访者对"高职教育和普通高等教育一样有地位"观点持"非常赞同""比较赞同"的分别仅为5.1%和10.3%，持"不太赞同""很不赞同"则分别高达50.3%和15.7%，说明大部分被调查者并不认为当前高职教育在我国高等教育中取得了和普通高等教育一样的地位。被访者对"广东省的高职教育办得很好"观点持"非常赞同""比较赞同"的分别为11.8%和16.5%，表明相对于全国高职教育而言，被访者对本省高职教育的认同程度有所提高，但持"不太赞同""很不赞同"的仍然分别高达56.4%和9.4%，说明相当部分的被访者对广东省高职教育的发展现状并不满意。广东省高职教育尽管走在全国前列，但社会认同程度仍然是比较低的，这在某种程度上显示了我国高职教育要真正在经济社会发展过程中获得民众的较高认同程度仍然任重道远。作为一种与经济社会联系最为紧密的教育，职业教育在经济建设和社会发展中应处在优先发展的地位。这是因为职业教育直接为经济社会培养生产、服务、技术和管理第一线的技术技能人才。被访者对"发展高职教育有利于珠三角乡村振兴战略"观点持"非常赞同""比较赞同"的分别为15.3%和36.4%，说明有超过一半的被访者对通过大力发展高职教育来促进乡村振兴战略充满期待，可见珠三角对高职教育服务乡村振兴战略的期望还是比较高的。当然，持"不太赞同""很不赞同"的则仍然分别高达33.5%和11.0%，还是一种喜忧参半的局面。

上述三个问题是从正向来考察被访者对高职教育的社会认同。下面三个观点将逆向考察被访者对高职院校、高职院校教师、高职院校学生的社会认同状况。被访者对"办不成好高校的学校，才办成高职院校"观点持"非常赞同""比较赞同"的分别为14.8%和39.1%，"不太赞同""很不赞同"的则分别为15.7%和14.3%，"说不清"的为16.1%，表明53.9%的被访者明确认为高职院校并非有着强大竞争力的学校，而是在国家教育体制改革和经济社会转型的双重压力下"被高校"，可见仍然有相当高比例的民众对高职院校地位的合法性和设置的必要性持质疑态度。被访者对"留不了普通高校的教师，才到高职院校任教"观点持"非常赞同""比较赞同"的分别为15.2%和40.9%，"不太赞同""很不赞同"的则分别为23.4%和7.8%,"说不清"的为12.7%,表明56.1%的被访者对高职院校教师的职业能力持怀疑态度,高职院校教师在被访者心目中的社会地位比较低。被访者对"考不上本科学校的学生,才到高职院校就读"观点持"非常赞同""比较赞同"的分别为18.9%和53.1%,"不太赞同""很不赞同"的则分别为19.8%和4.5%,"说不清"的为3.7%,表明与前述对高职院校和高职院校教师的认同度而言,对高职院校学生的认同度更低,72.0%的被访者赞同或者比较赞同"考不上本科学校的学生,才到高职院校就读"。这种认识至少表明高职教育面临着两个尴尬的处境:一是对高职院校生源质量的社会认同度低,认为高职院校学生不如普通高等学校学生,无形中给高职院校学生贴上了负面标签;二是高职院校办学质量不被认可,高职院校的教师也被否定,间接降低了高职院校为乡村振兴战略培养新型农民的需求期望。

表4-13 被访者对高职教育的社会认同状况(N=540)

单位:%

项目	非常赞同	比较赞同	说不清	不太赞同	很不赞同
高职教育和普通高等教育一样有地位	5.1	10.3	18.6	50.3	15.7
广东省的高职教育办得很好	11.8	16.5	5.9	56.4	9.4
发展高职教育有利于珠三角乡村振兴战略	15.3	36.4	3.8	33.5	11.0
办不成好高校的学校,才办成高职院校	14.8	39.1	16.1	15.7	14.3
留不了普通高校的教师,才到高职院校任教	15.2	40.9	12.7	23.4	7.8
考不上本科学校的学生,才到高职院校就读	18.9	53.1	3.7	19.8	4.5

综合上述数据分析,不难得出如下结论:在对高职教育的社会认同方面,珠三角农村居民对高职教育在高等教育中的地位、高职教育发展现状、高职教育能促进乡村振兴战略认同度均比较低;对高职院校地位的合法性和设置的必要性、高职院校教师的职业能力、高职院校学生生源质量均持怀疑态度。

(三)对高职教育服务乡村振兴战略发展的评价态度

高职教育切实为珠三角乡村振兴战略服务的前提是其要在办学方向、服务农村意识、教师素质、教学方式、专业设置、毕业学生等方面对乡村振兴有较高适应度。本书围绕上述6个方面开展了问卷调查，如表4-14所示。

从全国范围看，我国高职教育的办学存在着较为突出的城市取向，这被认为是高职教育通向农村的主要障碍之一。例如，在学校布局上，主要集中在省会城市、直辖市中；在专业设置上，开设的专业绝大部分是以满足城市社会发展需要为主，即使是农业类高职也未能较好地从为农业、农村、农民服务的角度来考虑；在人才培养模式上，高职教育人才培养存在着如培养目标模糊、培养过程僵化、课程教学内容重理论轻实践、人才类型专而窄等种种不适应社会发展需要的弊端。调查显示，对"高职院校的办学方向"能否适应乡村振兴战略需要的回答中，有53.7%的被访者认为"不能"，明确回答"能"的被访者仅占24.9%，即使将"一般"看作适应，两项合计也仅占46.3%，不足一半。可见，被访者对高职院校在办学方向上能否适应乡村振兴战略需要的评价不太乐观。

较强的服务农村意识是高职教育积极发挥服务社会功能的前提。高职教育的重要功能就是服务社会，促进科学技术转化为现实生产力。当前很多高职院校没有建立相应的研究机构，参与地方科技研发与推广的积极性不高，在地方经济建设的一些前沿课题上处于失语状态，这就影响了地方经济发展的速度和进程。高职院校作为培养应用型人才的基地完全应该也有能力参与地方的技术研究与推广，参与到当地乡村振兴战略中去。同时，有些地方高职院校参与乡村振兴战略中社会职业培训的热情不高，高职院校封闭办学，缺乏主动融入地方经济建设的意识，因而影响力有限，得到的支持也有限。调查显示，对"高职院校的服务农村意识"能否适应乡村振兴战略需要的回答中，有59.7%的被访者认为"不能"，明确回答"能"的被访者仅占19.6%，即使将"一般"看作适应，两项合计也仅占40.3%。可见，相较于高职院校的办学方向，被访者对高职院校在服务农村意识上能否适应乡村振兴战略需要的评价更显不乐观。

教师是高职院校培养合格人才的主体，也是当前高职院校服务乡村振兴战略第一线的主要参与力量，其素质高低是高职院校人才培养和服务乡村振兴的重要影响因素。调查显示，对"高职院校的教师素质"能否适应乡村振兴战略需要的回答中，有65.1%的被访者认为"不能"，明确回答"能"的被访者仅占20.6%，即使将"一般"看作适应，两项合计也仅占34.9%。可见，被访者对高职院校在教师素质上能否适应乡村振兴战略需要的评价亦是非常不乐观的。

此外，调查显示，对"高职院校的教学方式""高职院校的专业设置""高职院校的毕业学生"能否适应乡村振兴战略需要的回答中，分别有66.4%、

63.4%和64.1%的被访者明确回答"不能",这表明高职教育无论在教学方式、专业设置还是在毕业学生上都呈现出对乡村振兴战略推动较低的适应程度,且当地居民对高职教育服务乡村振兴战略发展的作用不乐观。

表4-14 对高职院校适应乡村振兴战略的需要的评价(N=540)

单位:%

评价项目	能	一般	不能
高职院校的办学方向	24.9	21.4	53.7
高职院校的服务农村意识	19.6	20.7	59.7
高职院校的教师素质	20.6	14.3	65.1
高职院校的教学方式	18.4	15.2	66.4
高职院校的专业设置	17.7	18.9	63.4
高职院校的毕业学生	12.9	23.0	64.1

(四)对高职院校就读意愿及高职毕业后返乡发展的态度

就读意愿是衡量高职院校社会认同的重要指标。就业取向是高职院校办学方向是否以农村为取向的重要标志。发展职业教育首先必须向职业教育输入一定的人力资源,其中包括求学者。学生在进入职业教育系统前,必然要考虑接受职业教育和未来收入的增长数额。尽管经济方面的考虑不是求学者在就业中取舍的唯一因素,但在其他情况相同的条件下,毕业后就业出路好,预期收入高的院校势必更受求学者青睐。

为进一步考察高职教育在珠三角乡村振兴战略中的社会认同度,本书设计了"您(将来)愿意让子女上高职院校吗?"和"您(将来)愿意接受过高职教育的子女回村发展吗?"两个问题。如表4-15所示,在就读意愿方面,只有40.7%的被访者愿意子女就读高职院校,近六成的被访者明确表示不愿意,这与前述高职院校在珠三角农村社会认同度较低一致;在就业取向上,有72.5%的被访者愿意将来子女在高职院校毕业后回村发展。这看似与高职教育在农村中的较低社会认同程度相矛盾,实际上是因为一方面珠三角农村对当前高职教育不能适应其发展的不满意而导致低社会认同,另一方面是珠三角农村对高职教育服务的迫切需要。

表 4-15 对高职院校就读意愿及高职毕业后返乡发展的态度（N=540）

单位：%

评价项目	愿意	不愿意
您（将来）愿意让子女上高职院校吗	40.7	59.3
您（将来）愿意接受过高职教育的子女回村发展吗	72.5	27.5

四、高职教育服务乡村振兴的情况总结

（一）珠三角乡村振兴战略发展的基本现状

一是在经济社会发展格局上，作为我国改革开放的先行区和全国区域经济中心，珠三角已经形成以第二、三产业为主体，城镇化水平相当高的总体经济社会发展格局，但农业比较效益低下；二是从经济社会发展趋势角度看，珠三角农村地区对高职教育需求主要集中在非农产业和工商管理领域，农村劳动力的专业化和职业化程度相对较低，推进乡村振兴战略、实现城乡统筹必然要求职业教育尤其是高职教育在培养农村新型劳动力方面积极介入和服务。以上两方面分别是高职教育服务珠三角乡村振兴战略的现实基础和逻辑起点。

（二）高职教育服务珠三角乡村振兴战略的情况

户籍人口中接受过高职教育的人口回村工作比例低和专业不对口现象突出；高职教育与农村开展项目合作比例较低、为村民提供培训的机会较少；高职教育对农村影响程度较大，主要影响着农村经济发展和乡风文明的改善；对高职教育服务乡村振兴战略的评价呈现出满意度较高和信心较低的矛盾心态。

（三）珠三角农村对高职教育的认知与社会认同

整体上，珠三角农村对高职教育的了解程度较低；在对高职教育的社会认同方面，对高职教育在高等教育中的地位、高职教育发展现状、高职教育能促进乡村振兴战略认同度均比较低，对高职院校地位的合法性和设置的必要性、高职院校教师的职业能力、高职院校生源质量均持怀疑态度；高职教育在办学方向、服务农村意识、教师素质、教学方式、教学内容等方面对乡村振兴战略均呈现出较低的适应程度；期望（将来）子女就读高职院校意愿程度较低，但期望子女回村发展的意愿程度较高。

第五章　高职教育服务珠三角乡村振兴战略的供需分析

由于处于改革开放的前沿，优越的地理位置和优惠政策使得珠三角走在了全国发展的前列。珠三角发展的典型模式是诸如来料加工、三来一补的外源型工业经济，依靠土地和厂房出租迅速发展起来。另外，劳动密集型产业吸引了大量外来务工人员，很多本地居民依靠房屋出租、土地分红，以及为外来人口提供生活性服务获得了可观的收益。因此，珠三角农村地区的居民总体上比较富裕。但是，随着区域产业的发展和扩张，其赖以发展的土地资源越来越少，而且随着国内更多领域的开放和国家政策支持在全国范围内的均衡，其可持续发展便成了需要重点关注的问题。有学者指出，珠三角乡村振兴战略面临十大"硬伤"，其中包括产业弱质、人才匮乏、教育乏力和文化弱势等。①产业弱质主要表现为第一产业严重萎缩，第二产业总量大但以劳动密集型、粗放型、外源型为主，拥有自主知识产权和自有品牌的现代经济比重很低，第三产业现代化程度低下。人才匮乏表现在青壮年普遍接受的教育程度较低，现代经济人才缺乏，社会管理人才引进和培养不足，经济发展和人才资源出现"长短足"的现象。教育乏力主要表现为教育经费吃紧，对农民培训和后代教育方面思想上未重视、行动上未抓紧。文化弱势主要表现为一些相对富裕的农村地区出现了文化"荒漠化"、精神"颓废化"现象。乡村振兴战略就是要力图改变上述的问题，实现农村的可持续发展。

一、珠三角乡村振兴战略对高职教育的需求分析

推进乡村振兴战略是一项需要多方合作的系统工程，高职教育由于具备服务人和服务社会的基本功能，理应对乡村振兴战略有重要的推动作用。有学者指出，高职教育为乡村振兴提供了人才支撑，为脱贫攻坚战全面胜利做出了重要贡献。在全面建设社会主义现代化国家新征程中，促进乡村振兴是高职教育优化人才结构、服务国家和区域经济社会发展的使命担当，也是高职教育顺应新时代趋势、借助政策"利好"完善人才培养模式的重要机遇。②本书依据珠三角农村现状和高职教育服务乡村振兴战略的基本功能，设计了一组问题，并通过问卷调查的方式对珠三角乡村振兴战略对高职教育需求进行探讨。

---

① 丘树宏.珠三角地区新农村建设的十大"硬伤"[J].粤海风，2007（3）：48-51.
② 胡彩霞，檀祝平.高职教育赋能乡村振兴的意义、困境及路径[J].职业技术教育，2021，42（28）：68-73.

（一）高职教育在助推经济发展、乡风文明改善、政治民主推进上作用巨大

乡村振兴战略是一项系统工程，"生产发展、生活宽裕、乡风文明、村容整洁、管理民主"是乡村振兴战略的总体目标。那么，珠三角最希望高职教育为当地乡村振兴战略做些什么呢？为此，调查中设计了"您希望高职教育对本村哪一方面有突出影响"的问题，如表5-1所示，被访者中回答"农村经济发展"的有275人（50.9%）、"乡风文明改善"的有135人（25.0%）、"政治民主推进"的有115人（21.3%）、"其他"的有15人（2.8%）。上述数据说明，在珠三角乡村振兴战略过程中，当地居民最迫切希望的是高职教育能成为当地经济发展的助推力量，同时也对高职教育在促进乡风文明、政治民主方面寄予了厚望。这也在实践上向高职教育提出了人才培养方面的要求，即高职教育培养的人才既要懂技术和管理，又要具有良好的道德思想品质和民主政治理念。

表5-1　希望高职教育对本村哪一方面有突出影响（N=540）

项目	频数/人	百分比/%
农村经济发展	275	50.9
乡风文明改善	135	25.0
政治民主推进	115	21.3
其他	15	2.8
合计	540	100.0

（二）当地居民对高职教育提供的培训参与意愿强烈、需求多样化

在培训意愿上，超过98%的当地居民有接受高职教育（培训）的意愿；在培训内容上对市场营销、管理类课程的需求度最高，工业技术课程次之；在培训方式上，当地居民的需求具有多样化，选择率最高的培训方式是高职教师到村培训；在培训时间上，九成左右的人希望培训的时间在30天以内。

高职教育在服务乡村振兴战略过程中的一项重要任务是培训农民，提高他们的职业技能和文化素质。针对珠三角农村的特点，我们从接受职业教育（培训）意愿、培训内容、培训方式、培训时间等四方面来考察当地居民在当前乡村振兴战略背景下对高职教育的需求，具体情况如表5-2所示。

表5-2 乡村振兴战略中当地居民对高职教育的需求（N=540）

项目		频数/人	百分比/%
教育（培训）意愿	愿意	351	65.0
	一般	179	33.1
	不愿意	10	1.9
培训内容	农业技术课程	71	13.1
	工业技术课程	162	30.0
	文化修养课程	65	12.1
	市场营销、管理类课程	242	44.8
培训方式	到学校集中培训	110	20.4
	高职教师到村培训	293	54.3
	电视广播网络学习	58	10.7
	函授	74	13.7
	其他	5	0.9
培训时间	1～3天	109	20.2
	4～7天	89	16.5
	8～10天	98	18.1
	11～15天	101	18.7
	16～30天	94	17.4
	1个月以上	49	9.1

1. 关于教育（培训）意愿

在回答"如果有接受职业教育的机会，您愿意参加吗？"这个问题时，在调查样本中，回答"愿意"的有351人（65.0%）、"一般"的有179人（33.1%）、"不愿意"的有10人（1.9%）。数据表明，超过98%的当地居民有接受高职教育（培训）的意愿，这一方面说明在珠三角乡村振兴战略过程中，当地居民已经意识到职业教育（培训）是实现自身和家庭可持续发展的一种可行性选择，另一方面说明高职院校服务珠三角乡村振兴战略有着广阔的发展前景和重要意义。

2. 关于培训内容

在回答"您想接受教育培训的内容"这个问题时，在调查样本中，选择"农业技术课程"的71人（13.1%）、"工业技术课程"的162人（30.0%）、"文化修养课程"的65人（12.1%）、"市场营销、管理类课程"的242人（44.8%）。数据表明，城镇化水平较高的珠三角的当地居民大部分都不再主营农业，他们对市场营销、管理类课程的需求度最高，其次是工业技术课程。这启示着珠三角的高职院校要在乡村振兴战略中大有所为，就必须根据当前经济社会发展趋势和当地居民的从业行业特征进行职业培训和专业设置，特别是要关注当地居民的现实需求，推出合适的课程，培训内容不能仅限于农业科学与技术方面。

3. 关于培训方式

在回答"您想参加教育培训的方式"这个问题时，在调查样本中，选择"高职教师到村培训"的293人（54.3%）、"到学校集中培训"的110人（20.4%）、"电视广播网络学习"的58人（10.7%）、"函授"的74人（13.7%）、"其他"的5人（0.9%）。数据表明，生活方式和劳动、工作方式的日益多元化引起了当地居民对培训方式需求的多样化，这启示着在高职教育服务乡村振兴战略的过程中，应该采用多元化的职业教育（培训）方式，建构多元化的培训体系和结构以满足当地居民的不同需求。同时，在所列四种培训方式中，当地居民选择率最高的培训方式是高职教师到村培训，这要求高职教育院校走出书斋和课堂，通向农村，开展社区职业教育。

4. 关于培训时间

而在培训时间的长短上，对"1～3天""4～7天""8～10天""11～15天""16～30天"的选择基本上相当，都在20%上下，而选择"1个月以上"的不到10%，这就要求高职教育培训的时间安排最好是在1个月以内。若培训内容太多、时间太长，可能会引起当地居民的不适，故培训最好短而精，不宜长而繁。对于培训周期长的项目，可考虑分批分段进行，步步深入。

（三）民众期望政府为高职教育提供制度和资金扶持

2021年10月，中共中央办公厅、国务院办公厅印发的《关于推动现代职业教育高质量发展的意见》中指出，各级政府要统筹职业教育和人力资源开发的规模、结构和层次,将产教融合列入经济社会发展规划。政府既是乡村振兴战略的主要推动者,也是高职教育发展的重要依靠力量。政府有关高职教育的方针、政策都将给乡村振兴战略带来重要影响,因而政府是推动高职教育服务乡村振兴战略的重要力量。但是,目前我国政府对教育的支持主要体现在一些基础好的大学、中小学义务教育及中等职业教育层面,对高职教育投入严重不足,对高职教育服务乡村振兴的引导更显不足。在目前的条件下,高职教育要为乡村振兴战略服务还存在很多障碍和实际困难,而这些障碍和困难的解决,关键要依赖于政府采取一系列的政策与机制保障措施。高职教育要服务珠三角乡村振兴战略,不是光喊喊口号的事,归根到底政府职能部门要从战略高度,统筹规划,通过制定相应的优惠政策引导高职教育参与到乡村振兴战略中来;归根到底要引导社会的就业观念,建立激励机制,鼓励高职院校毕业生到农村工作、创业;归根到底要加大对农业技术推广、农民教育的投入,利用政策和经济杠杆引导现有农业从业人员积极参加各种形式的学习培训,并建设科学的培训人员使用和跟踪扶持机制。

调查显示,珠三角居民对政府推动高职院校服务当地乡村振兴战略的期望很高。如表5-3所示,被访者中认为政府应该为高职教育服务乡村振兴战略"提供资金"的有405人,占调查总体的32.8%;认为政府应该为高职教育服务乡村振兴战略"提供政策支持"的354人,占调查总体的28.6%;认为政府应该为高职教育服务乡村振兴战略"建立培训机构等设施"的369人,占调查总体的30.0%;认为政府应该为高职教育服务乡村振兴战略"畅通信息网络"的99人,占调查总体的8.0%。

表5-3 政府应该为高职教育服务乡村振兴战略(多选题)

政府应该为高职 教育服务乡村振兴战略	响应		个案百分比/%
	频数/人	百分比/%	
提供资金	405	32.8	75.0
提供政策支持	354	28.6	65.5
建立培训机构等设施	369	30.0	68.3
畅通信息网络	99	8.0	18.3
其他	7	0.6	1.3

(四)珠三角乡村振兴战略发展对高职院校的期望较高,需求明确

珠三角对高职院校服务乡村振兴战略的期待上,在改革内容方面,对开设相关专业、改进教学方式、增加相应的课程设置、增强学生的农村意识均有较强期待,其中对"增强学生的农村意识"期待最强;在主要任务方面,为当地居民提供职业教育(培训)、为乡村振兴战略提供优质人才、与农村开展研发项目合作、为农村和乡镇企业提供科技服务等四项均被认为是高职院校的主要任务,其中更重要的任务是"为当地居民提供职业教育(培训)"和"为乡村振兴战略提供优质人才"。

高职院校具有人才培养、科学研究和社会服务等职能。职业教育是与经济社会发展紧密相关的教育类型,应充分利用地方资源、紧跟技术进步和经济社会发展为地方建设培养合格人才。《国务院关于大力推进职业教育改革与发展的决定》明确指出,职业教育要为农村劳动力转移服务,大范围培养农村实用型人才和技能型人才,大面积普及农业先进实用技术,大力提高农民思想道德和科学文化素质;要为提高劳动者素质特别是职业能力服务。高职教育不但要主动承担开发农村人力资源,培育新型农民服务乡村振兴战略的重任,而且应该起到带头和引领的作用。珠三角当地居民对高职院校服务乡村振兴战略有何需求?本书围绕对高职院校服务乡村振兴战略的期待,从高职院校服务乡村振兴战略的改革内容和主要任务进行了问卷调查。

如表5-4所示,在回答"为更好服务乡村振兴战略,您认为高职院校在如下哪些方面应改革"这个问题时,选择"开设相关专业"的321人(响应百分比22.6%)、"改进教学方式"的296人(响应百分比20.7%)、"增加相应的课程设置"的318人(响应百分比22.4%)、"增强学生的农村意识"的489人(响应百分比34.3%)。数据表明,以上四项都是珠三角农村地区居民所期待的高职院校改革的内容,其中期待值最高的是"增强学生的农村意识",这说明农村所需要的是在乡村振兴战略中用得上、吃得苦、待得下的高职院校毕业生人才。在回答"您认为高职院校服务乡村振兴战略的主要任务有"这个问题时,选择"为当地居民提供职业教育(培训)"的502人(响应百分比34.9%)、"为乡村振兴战略提供优质人才"的497人(响应百分比34.4%)、"与农村开展研发项目合作"的254人(响应百分比17.6%)、"为农村和乡镇企业提供科技服务"的189人(响应百分比13.1%)。数据表明,以上四项都是珠三角农村地区居民所期待的高职院校服务乡村振兴战略的主要任务,其中更

为最重要的任务是"为当地居民提供职业教育（培训）"和"为乡村振兴战略提供优质人才"这两个方面，这说明在当地居民心目中当前珠三角劳动力职业教育（培训）不足，适合当前经济社会发展的现代农村人才缺乏。这启示着高职院校改革发展的前进方向。

表5-4　乡村振兴对高职学院改革发展和主要任务的期待（多选题）

指标		响应		个案百分比/%
		频数/人	百分比/%	
改革内容	开设相关专业	321	22.6	59.4
	改进教学方式	296	20.7	54.8
	增加相应的课程设置	318	22.4	58.9
	增强学生的农村意识	489	34.3	90.5
主要任务	为当地居民提供职业教育（培训）	502	34.9	92.9
	为乡村振兴战略提供优质人才	497	34.4	92.0
	与农村开展研发项目合作	254	17.6	47.0
	为农村和乡镇企业提供科技服务	189	13.1	35.0

（五）珠三角乡村振兴战略对高职教育人才的需求量大

在有无需求及数量上，珠三角对引进高职院校毕业生参与当地乡村振兴战略的需求非常强烈；在人才专业需求方面，主要集中在"工业技术类""经济管理类"，其次是"农业技术类"；在人才专业能力方面，认为高职学生参与乡村振兴战略最需要的依次是"专业实践能力""综合应用能力""专业技能""专业知识"；在人才素质方面，"学好专业知识和专业技能""树立为农村服务的思想""掌握相关政策""了解农村现状""参与生产实践，培养动手能力""与农民交朋友，培养爱心""培养吃苦耐劳的精神""参与社会实践活动，培养组织能力"都被认为是高职院校人才参与乡村振兴战略过程中"非常重要"或者"比较重要"的素质。

乡村振兴战略具有明显的基于知识和技术的能力特征。在重视物质条件改善和制度变革的同时，更要注重农村知识能力建设，提升当地居民的知识技能水平和培养服务农村的专业人才，高职教育是培养服务农村的专业人才的关键。工业化、城镇化程度较高的珠三角乡村振兴战略尤其需要服务农村的专业人才，调查中我们设计了一组问题来了解珠三角乡村振兴战略对高职教育人才的需求。

1. 关于有无需求和数量需求

如表5-5所示，在回答"您所在村是否期待引进高职院校毕业生"这个问题时，在540个被访者中，选择"是"的475人（88.0%）、"否"的54人（10.0%）、"无所谓"的11人（2.0%）。可见，整体而言，珠三角对引进高职院校毕业生参与当地乡村振兴战略的需求非常强烈，这是高职教育发展的一个重要机遇。在回答"您所在村建设对高职教育的人才需求情况"这个问题时，在540个被访者中，回答"需求很多"的120人（22.2%）、"需求较多"的219人（40.6%）、"一般"的181人（33.5%）、"需求较少"的16人（3.0%）、"不太了解"的4人（0.7%）。总体上验证了前一个问题的回答，珠三角乡村对高职院校毕业生非常欢迎，但各镇区及村委会（居委会）因实际情况差异，对高职院校人才需求的数量上呈现出一定差异。

表5-5 珠三角农村对高职教育人才的需求（N=540）

指标		频数/人	百分比/%
有无人才需求 （您所在村是否期待引进高职院校毕业生）	是	475	88.0
	否	54	10.0
	无所谓	11	2.0
人才数量需求 （您所在村建设对高职教育的人才需求情况）	需求很多	120	22.2
	需求较多	219	40.6
	一般	181	33.5
	需求较少	16	3.0
	不太了解	4	0.7

续表

指标		频数/人	百分比/%
人才专业需求 （以下哪一类专业人才为 该您所在村、镇今后发展 所急需的）	农学技术类	69	12.8
	工业技术类	234	43.3
	经济管理类	162	30.0
	教育类	39	7.2
	文学艺术类	23	4.3
	其他	13	2.4
人才能力需求 （您认为高职学生 参与乡村振兴战略， 在专业能力上最需要）	专业技能	78	14.5
	专业知识	65	12.0
	专业实践能力	220	40.7
	综合应用能力	177	32.8

2. 关于人才专业需求

如表5-5所示，在回答"以下哪一类专业人才为您所在村、镇今后发展所急需的"这个问题时，在540个被访者中，选择"工业技术类"的234人（43.3%），选择"经济管理类"的162人（30.0%），选择"农业技术类"的69人（12.8%），选择"教育类"的39人（7.2%），选择"文学艺术类"的23人（4.3%），选择"其他"的13人（2.4%）。数据表明，珠三角乡村振兴战略对高职人才在学科专业上的需求主要集中在"工业技术类""经济管理类"，其次是"农业技术类"，这是由珠三角的城镇化、工业化程度和三次产业结构决定的，这启示着高职院校设置专业时应该做专业设置预测与规划，根据区域经济社会发展设置人才培养专业，最大限度实现高职院校人才培养专业设置与区域经济社会发展实现耦合。

3. 关于人才能力需求

如表5-5所示，在回答"您认为高职学生参与乡村振兴战略，在专业能力上最需要"这个问题时,在540个被访者中,选择"专业技能"的78人(14.5%),选择"专业知识"的65人(12.0%),选择"专业实践能力"的220人(40.7%),选择"综合应用能力"的177人(32.8%)。从对专业能力的选择上看,珠三角居民认为高职学生参与乡村振兴战略最需要的依次是"专业实践能力""综合应用能力""专业技能""专业知识"。这种排序说明珠三角乡村振兴战略过程中对高职人才能力的需求不仅是单纯的专业知识、专业技能,专业实践能力和综合应用能力才是最需要的。这主要是因为珠三角对职业教育的需求与以往或者目前全国其他大部分地区的需求不同,单纯的专业知识和专业技能的工作已经由大量的外来务工人员所承担,他们需要的是既有扎实的专业知识和实践技能又能在管理岗位上综合运用自身知识和技能的高级技术人才。在专业实践能力和综合应用能力上较为突出的较高层次的高职教育人才,才能在当地乡村振兴战略中承担那些既需较强专业能力又需综合应用能力的建设任务。

4. 关于人才素质需求

根据珠三角农村的特点,结合当前高职教育学生素质的实际,我们列举了八种高职院校人才参与乡村振兴战略的必备素质,并要求被访者对它们的重要程度进行评价。从表5-6的数据来看,"学好专业知识和专业技能""树立为农村服务的思想""掌握相关政策""了解农村现状""参与生产实践,培养动手能力""与农民交朋友,培养爱心""培养吃苦耐劳的精神""参与社会实践活动,培养组织能力"都被认为是高职院校人才参与乡村振兴战略时"非常重要"或者"比较重要"的素质。这说明尽管珠三角农村的城镇化、工业化程度较高,但与大城市相比,仍然存在着较大差距,农村环境仍然艰苦。因此,乡村振兴战略对高职院校人才素质的要求,不仅在于是否具备专业技术和专业能力,也在于是否具备专业实践能力和综合应用能力,还在于是否具备吃苦耐劳的精神、爱农惜农的思想和同甘共苦的心理准备。

表5-6 高职院校人才素质在参与乡村振兴战略中的重要程度(N=540)

单位:%

指标	重要程度				
	很不重要	不太重要	一般	比较重要	非常重要
学好专业知识和专业技能	3.1	0.9	7.0	23.4	65.6
树立为农村服务的思想	2.9	1.8	15.6	35.9	43.8

续表

指标	重要程度				
	很不重要	不太重要	一般	比较重要	非常重要
掌握相关政策	3.2	0.7	23.4	39.1	33.6
了解农村现状	1.1	2.8	10.9	41.4	43.8
参与生产实践，培养动手能力	3.9	0.8	8.6	21.9	64.8
与农民交朋友，培养爱心	2.9	6.5	21.1	36.7	32.8
培养吃苦耐劳的精神	2.7	1.2	10.9	28.9	56.3
参与社会实践活动，培养组织能力	3.0	0.9	7	20.3	68.8

总的来看，上述八种素质都被认为是非常重要或者比较重要的，说明乡村振兴战略需要的高职人才，应该是留得住、用得上的与"三农"有深厚感情的人才，这才是高职人才培养的核心所在。

二、高职教育对珠三角乡村振兴战略的供给分析

2021年中央一号文件《中共中央 国务院关于全面推进乡村振兴加快农业农村现代化的意见》中指出，全面建设社会主义现代化国家，实现中华民族伟大复兴，最艰巨最繁重的任务依然在农村，最广泛最深厚的基础依然在农村。发展现代化农业必须要依靠人才，高职教育是引导农村实用型人才队伍建设的重要手段，应以市场为指导，培育从事农业生产、管理经营以及服务的新型农民，增加农民的经济收入。

珠三角位于广东省中南部、珠江下游，具有优越的地理位置，融合东西方文化，是改革开放的一扇巨大的窗口。改革开放使珠江两岸的农村普遍被建筑化、工业化和城市化，城镇发展快，这虽然缩减了地区发展农业的土地，但珠三角也是粮、蔗、蚕、鱼等多种产品的生产基地，农产品加工业发达，粤北地区的环境优越，林业发达，具有优良的杉、松、油茶等；东西部土地肥沃，渔业资源丰富。这些地域优势为珠三角发展农业奠定了基础。

20世纪80年代之后，我国各地大力开展新型农业合作组织，开展农村经营体制创新和农业产业化实践。广东省拥有较为规范的农业合作经济组织上千家，成员十几万人，形成了"公司+合作社（协会）+农户""流通大户+合

作社（协会）+农户""村集体组织+合作社（协会）+农户""技术部门+合作社（协会）+农户"等多种类型各具特色的农村合作经济组织，充分调动了农民的积极性和发展农业的活力，也为开展农民培训提供了人员保障。广东省互联网的飞速发展使得农民能够从网络上获取最新最实用的种植养殖技术，了解农业最新报道，跟踪市场行情，能够就从事农业活动中遇到的实际问题寻求帮助，学习知识，推进农业发展。

基于上述的国家政策、地理优势、人员支撑以及网络依托等方面的有利条件，广东省各地高职教育可以以市场为导向，根据农民的实际需求，因地制宜对农民进行现代农业技术、机械、电子、市场营销、现代企业管理、创业创新技能等知识和能力的培训。高职教育对于珠三角乡村振兴战略，特别是其中的农民培养方面做出了巨大贡献，主要体现在以下几方面。

（一）适应乡村振兴的高职教育行动策略

在珠三角各政府和地方的努力下，广东省的职业教育得到了极大的发展，截至 2020 年，全省有高职院校 87 所，国家"双高计划"建设单位 14 所，硬件设施、在校生规模、生源质量、师资队伍、教学水平、学生就业率皆居国内前列。广东省高职院校以珠三角乡村振兴的实际需求为依据，通过劳动力大提升、对口帮扶、乡村振兴等项目，吸引劳动力入校提升学历，学习知识，送技术和培训课程上门，让当地农民能够掌握真正的技术，将部分农民培养为专业型、技能型以及实用型人才，增加了农民的就业率，提升他们的竞争力，使他们适应新的就业岗位。广东省还形成学校与县（市）、院与乡（镇）、系与村（组）结对帮扶模式，高职院校根据不同农民的不同情况，制订不同的农民培养计划，提升农民素质，使其走上致富道路。广东省高职院校通过动态调整专业结构，针对当地乡村振兴战略发展需求设置相应专业，并且适应当地农村发展现状以及市场需求设定了相应的课程，从实际需求出发，提升农民的技术技能。

（二）"跨世纪青年农民科技培训工程"协同发展

"跨世纪青年农民科技培训工程"是广东省的一项有益于全省农民的重要工程，集尽可用的资源，发挥农业技术推广中心（站）、农业广播电视学校、农业高职院校、团校等单位的积极作用，利用各自功能，系统培训青年农民。其中，农业高职院校发挥了重要的协助作用。从 1995 年开始，农业高职院校已为广东省培养了一大批农业专业化和产业化经营、生产的带头人和参与者，其中不乏大批觉悟高、知科技、懂经营的新型农民。1995年培训了2100人，2005年升至6000人，到了2010年人数过万，有一部分人成了广东省乡村振兴战略的中坚力量，从而为21世纪广东省实现农村和农业发展目标提供了智力支持和人才支撑。

（三）"绿色证书工程"全面发展

广东省还开展了一项"绿色证书"工程。中高职院校针对具有初、高中文化的农民进行培训，包括种植业、水产业、机械产业、环境保护产业等，如果他们培训完成并通过考试，则为他们发放"绿色证书"。"绿色证书工程"前后实施10多年，培训农民超过15万人，发放证书超过14万本。"绿色证书工程"是一种全新的、符合广东省农业现状的，能够发展高产、优质、高效的农业，可以具体落实科技振兴农业的策略，是跨世纪的培养农民素质的优质工程。广东省"绿色证书"类别包括技术资格类和职业培训类，其中技术资格类的包括农业技术推广员证书、食品生产安全员证书、养殖技术员证书、农业技术管理员证书、果树专业技术员证书、农机技术员证书。职业培训类包括畜牧养殖证书、园艺证书、水产养殖证书、农业机械证书、农村合作经济管理证书、农村环境保护证书。从广东省绿色证书的类型可以看出，广东省农民的教育考试开始转向专业化，并且取得了相当的成就。

（四）科技致富、教育专项扶助项目积极推进

通过与之前的广东省务农人口比例可看出，大批农村男性劳动力已经进入了城镇工作，留有大量女性劳动力在家务农。她们在农村农业中扮演了越来越重要的角色，对于她们的培养不仅仅是现存的问题，而且是"未来的农村"问题。广东省政府充分考虑农村现有劳动力的培训问题，提出各妇联的任务就是提高农村妇女的科技素质，开展"巾帼科技致富工程"。例如，广东省湛江开展的妇女专项培训扶助，其培训内容包括农村种养殖技术、进城务工妇女职业技能、家政服务、法律常识等贴近广东女性农民切实利益的项目，去年到村培训进行了上百次，培训了上千人，深受当地妇女的欢迎。同时，办理了扶持资金业务上千个，发放小额贷款上百万元，上项目几十个，同时产生经济效益上百万元。此项目帮扶农村妇女上百名，科技培训专项经费每名妇女1元至1.5元，保障了妇女培训的顺利进行，在某种层面上缓和了农业发展过程中发生的资金困难和科技困难的问题，一定程度上调动了农村妇女的积极性，为建设珠三角的乡村振兴提供了强有力的支持。

在高职院校的支持下，政府的大力扶持下，广东省还建立了农民教育培训基地，培训内容包括农业耕作和农民职业技能两个方面。农民经过高职院校培训后，可以自己创业，也可以进入企业，解决了当地农业市场用人需求的同时，还可以提升农民的就业率，增加农民的收入。培训基地拥有长期驻扎的技术人员和专家，能够培训、教育、指导当地农民种植与养殖业务，同时可以适时提供技术指导、咨询和物资供应等服务。培训基地也拥有农作物种植、养殖地区展示，能够使得农民自己领略高新科技为农业带来的发展与创新，能够体验现代化农业的现有成果，从而使其发自内心地追求高技术高科技，引起他们的兴趣和求知欲。广东省部分农民在参观并感受过这些高科技之后，自己在家中也办起了养殖或种植产业，并且能够从中受益，这就是教育培训得到的现有成果。部分地区还扩大了建设范围，在整个乡镇产生了一定规模，成了特色产业。而这些培训基地也成为广东省实施"就业培训工程"和"广东省百万农村青年技能培训工程"教育的重要平台。

三、高职教育服务乡村振兴战略的实践案例

十九大报告中提出实施乡村振兴战略，实现"产业兴旺、生态宜居、乡风文明、治理有效、生活富裕"。党的十九届五中全会进一步提出，坚持把解决好"三农"问题作为全党工作重中之重，走中国特色社会主义乡村振兴道路，全面实施乡村振兴战略，加快农业农村现代化。为此，东莞职业技术学院科学把握乡村振兴战略"二十字"方针，以职业教育促进乡村振兴，提供服务支撑，经过多年探索，逐步形成师生志愿者社会实践模式、大学生返家乡就业创业模式、专业技术人才调研咨政模式等三大服务模式，走出高职院校实践育人新路子，形成聚焦中心大局，服务党和国家建设发展战略的高职教育样板。

（一）实施背景

党的十九届五中全会审议通过的《中共中央关于制定国民经济和社会发展第十四个五年规划和二〇三五年远景目标的建议》，对新发展阶段优先发展农业农村、全面推进乡村振兴做出总体部署，为做好当前和今后一个时期"三农"工作指明了方向。民族要复兴，乡村必振兴。全面建设社会主义现代化国家，实现中华民族伟大复兴，最艰巨、最繁重的任务依然在农村，最广泛、最深厚的基础依然在农村。基于这一判断，2021年1月中共中央、国务院印发了《关于全面推进乡村振兴加快农业农村现代化的意见》，东莞职业技术学院作为国

家"双高计划"第一轮立项建设单位,认真贯彻落实中央部署,坚持新发展理念,融入新发展格局,充分组织、动员全校师生,大力弘扬"奉献、友爱、互助、进步"的志愿精神,引导和帮助广大青年上好与现实相结合的"大思政课",在社会课堂中受教育、长才干、做贡献,勇做担当民族复兴大任的时代新人,与此同时,通过师生志愿者社会实践、大学生返家乡就业创业、专业技术人才调研咨政等途径,在乡村振兴的大舞台积极作为,实学实干,取得了良好的工作成效。

(二)主要做法

东莞职业技术学院利用职业院校技术技能人才优势,结合属地发展现状,对口帮扶地需求,立足本校实际,经过多年探索实践,形成师生志愿者社会实践模式、大学生返家乡就业创业模式、专业技术人才调研咨政模式等三大服务模式,开展广泛的师生志愿服务乡村振兴行动,走出高职院校实践育人新路子,形成聚焦中心大局,服务党和国家建设发展战略的高职教育样板。

1. 师生志愿者社会实践模式

为深入学习贯彻习近平新时代中国特色社会主义思想和党的十九大精神,东莞职业技术学院积极响应上级有关要求,认真组织开展每年的寒暑假师生志愿者社会实践活动,将社会实践学分列入必修,制定并完善《东莞职业技术学院第二课堂学分认定及管理办法》,鼓励第一课堂向第二课堂延伸,发挥教师农村科技特派员、驻村干部、思政工作骨干教师作用,深入一线带队实践。组织"三下乡"社会实践立项团队、"返家乡"镇街团队、个人实践、常态化志愿服务等,围绕党史学习教育社会实践、理论宣传与新时代文明实践、乡村振兴志愿服务、国情观察社会调研、民族团结社会调研实践等方面,鼓励深入村(社区),针对当地特色及需求,展开社会调研、志愿服务等活动。每年有超过3000名师生志愿者投入乡村振兴社会实践,年志愿服务时数超8万小时。

典型案例1:莞乡情,云贵行——东莞职业技术学院乡村振兴社会实践志愿服务队

为助力脱贫攻坚、乡村振兴,自2018年7月开始,东莞职业技术学院组建"莞昭花香"社会实践志愿服务队,选派多支师生志愿服务队前往东莞市对口扶贫地区——云南省昭通市的彝良县、鲁甸县及巧家县进行支教、助农,2021年开始将本项目移植到东莞新的对口帮扶地——贵州省铜仁市,帮助石阡县、印江县开展直播带货助农服务,并将团队更名为:莞乡情,云贵行——东莞职业技

术学院乡村振兴社会实践志愿服务队,创新"互联网+社会实践",用实际行动深化党史学习教育,助力乡村振兴。项目团队发挥学校师生志愿者专业优势和人力资源优势,提供有特色、高质量、合需求的"多彩课堂",在云贵学子心中种下树立理想、渴求知识、追求进步、敢于实践的种子。通过红色寻访、走访慰问、产业调研、直播助农、文化传承等体察民情国情,厚植青年志愿者爱党爱国爱社会主义的情感,增强"四个自信",坚定参与项目师生及青少年听党话、跟党走的信心和决心。通过直播带货、产业助农、文旅宣传等,直接帮助农户和服务地创收。截至2021年,先后共有99名师生志愿者参加服务,累计志愿时长11 088小时,受益群众超过1500人次,累计带动消费助农52万元,学校累计投入40万元支持项目团队开展工作。这个服务队先后2次获得"广东省社会实践优秀团队"称号,获评"益苗计划"志愿服务项目大赛省赛示范项目(全省仅14个),获经费支持3万元,共17人次获全国、全省社会实践先进个人荣誉称号,项目团队受到广东教育厅、省学联关注,并被东莞电视台等媒体多次报道。

典型案例2:东莞职业技术学院电子协会"聚焦革命老区,科技助力乡村振兴"社会实践队

东莞职业技术学院电子协会社会实践队是依托"全国百强社团"东莞职业技术学院电子协会设立的社会实践志愿服务团队,自2011年起连续十年组队参加社会实践活动,先后获得了2015年和2020年广东省"优秀团队"称号。团队旨在将第一课堂职业技能教育延伸到第二课堂社会实践中,通过一线专任教师跟队指导,发挥学生专业技能,在社会服务中受教育、长才干、做贡献。团队接续奋斗,深耕十载,从最初的单纯提供技术助农,到如今思想引领与技术服务双手抓、双手硬;从服务对象单一化到关爱抗战老兵、技术服务农户、培育中小学创客,不断探索、丰富、创新社会实践形式与内涵,不断升华项目,优化团队,深化成效。服务地点遍布东莞、韶关、清远、汕尾等广东省各地,累计组织了350多名师生志愿者参与实践,志愿服务超过10 000小时,直接受益群众达2800人,打造出高职院校"人人出彩、服务社会"的实践育人新路子,团队培养的学生有的入选中国自强之星、西部计划进入华为等知名企业,大批学子积极投身双创竞赛,还有的学生成功自主创业。团队还将实践项目引入课堂教学,形成具有职业教育特色的教学改革新典型,并荣获校级教育教学改革成果一等奖。

在党史学习教育的大潮中,团队继续在充满革命精神、蕴藏革命力量的革

命老区韶关南雄开展活动。通过重走革命圣地梅关古道，探访红色文化村灵潭村，探望抗战老兵，学习陈毅同志的《梅岭三章》等亲身感悟红色精神，追溯红色记忆，赓续红色血脉，在党史中汲取奋斗伟力，进一步增强高职教育青年做中国人的志气、骨气和底气。团队依托所学技能，针对青少年学生、敬老院老人、农村社区等开展科普服务、乐高培训、家电维修及关爱慰问活动，努力做到学史力行，知行合一。团队成员依托所学技能，参与劳动实践，开展无人机植保及农田灌溉系统建设等支农服务，推动农业现代化，将职业技能应用到田间地头，助力乡村振兴。

2. 大学生返乡就业创业模式

乡村振兴，产业兴旺是重点。要推动乡村产业振兴，紧紧围绕发展现代农业，围绕农村一二三产业融合发展，构建乡村产业体系，实现产业兴旺，把产业发展落到促进农民增收上来，推动乡村生活富裕。产业是发展的根基，乡村产业体系越健全，产业兴旺，农民增收渠道就越通畅，农民收入才能稳定增长。返乡创业大学生既有丰富的专业知识、社会资本和创业抱负，又有造福家乡、服务"三农"的主观意愿，东莞职业技术学院学生通过返乡就业创业从而投身乡村建设大潮中，成为推进产业振兴的重要力量。

典型案例3：东莞职业技术学院非你莫"薯"罗定实践队

学校一名经济与管理学院的大三学生，来自广东省经济最落后的罗定地区。他始终不忘家乡，梦想改变罗定农田荒废的现状，变荒为宝，深植"绿水青山就是金山银山"的发展理念，整合社会各界资源，并通过自身所学专业知识，带领乡亲种植有"蔬菜皇后"美誉的红薯叶，将红薯叶产业做大做强，以产业兴农，带动农民致富。

在学校五位创业导师的指导下，创业团队于2021年2月创立梵叶农业（罗定）有限公司，注册资金20万元，团队成员9人，分别来自经济与管理学院、商贸学院和创意学院。公司是集农业生产种植、养殖、销售、物流配送、服务为一体的民营企业。在广东省农科院的指导下，公司采用种养结合生态种植方法进行种植，目前的主业为红薯叶种植，副业为三黄鸡和土猪的养殖；通过发展"红薯叶经济"，将红薯叶端上千家万户的小餐桌，为更多的人带来大健康。他们持续推进技术创新和管理创新，开创青年创业新模式，找到致富新路子，为乡村带来新面貌。公司通过采取"自营农场+家庭农户"的运作模式，已建立自营农场80亩，吸引农户加入合作农场51亩，带动136名农户就业，人均年增收16 000元。大学生返乡创业事迹已被《云浮日报》以《东莞职院助力罗定红薯叶经济发展》为题进行过报道，并被南方+平台、腾讯新闻、东方财富网等多家媒体平台转载。同时，与团队所关联的创业项目获得了该校第六届互联网+大学生创新创业大赛金奖、第七届中国国际互联网+大学生创新创业大赛广东省分赛银奖。在创业实践过程中，成功贯彻了"三全育人"的教育理念，全过程融入了课程思政、实践育人的元素，全方位实施了专创融合、思创融合和劳动教育的教育模式，显著提升了全体创业团队成员的创新精神、创业能力、专业综合能力，在创业实践中厚植"家国情怀"，培育了一批"懂农业""爱农村""爱农民"的青年大学生。

3. 专业技术人才调研咨政模式

由专任教师和对科研及社会服务感兴趣的学生构成专业技术人才调研团队，有效将第一课堂和第二课堂进行融合，培养学生关注时事政策的兴趣，提升实地调研的技能。围绕乡村振兴的热点问题，带领学生通过田野调查了解农业农村发展现状，以及企业发展现状和地区经济运行实际情况，完成相关纵向及横向课题多项。其中，《东莞乡村振兴，村域经济发展不平衡不充分专题调研》一文纳入东莞咨政内参；《健全长效帮扶机制，促进乡村振兴平衡发展》调研报告被东莞市政协采纳。多年来，东莞职业技术学院发挥高校智库优势，为政府决策提供咨政服务，贡献"高职智慧"，提供"东莞方案"，助力乡村振兴。

典型案例4：乡村振兴调研团队调查"万企帮万村"行动

经济与管理学院成立乡村振兴调研团队，学习国家乡村振兴方针、政策，了解东莞乡村振兴相关政策和措施，选择"万企帮万村"作为着眼点，进行调查研究，并申报2021年度广东省大学生科技创新培育专项资金项目并成功立项。在此基础上，团队成员耗时5个月，主要调研了2019年至2020年东莞"万企帮万村"行动的实施成效和企业的具体参与情况，以及村民对行动的总体评价。采取访谈、案例调查和问卷调查的方式，走访了农业农村局和工商联、12家帮扶企业，获得了企业帮扶行动的详细资料，整理了6个典型案例资料；走访了10个欠发达村（社区），向当地村民发放调查问卷，访问了308位村民，收集了有效调查问卷230份，结果使92%的村民认为企业帮扶对村里发展起到了积极作用。

获得一手调查数据，经过指导教师、团队成员多次讨论的《乡村振兴背景下东莞市"万企帮万村"行动实施现状调查报告》提交政府部门作为决策咨询；而且继续深度研讨和长久打磨、多次演练，学生团队最终收获广东省第十六届课外学术作品竞赛特等奖的好成绩。

典型案例 5：乡村振兴调研团队调研东莞市帮扶次发达镇政策

东莞职业技术学院经济与管理学院乡村振兴调研团队关注国家经济形势和东莞发展态势，思索东莞镇区经济发展不平衡原因，以东莞帮扶次发达镇政策为切入点，主要调研了东莞三年帮扶政策的具体落实情况、带来的经济效果和民众对这个政策的熟悉程度。采取的调研形式包括访谈和部分做网络问卷调研。对 8 个次发达镇的工作人员、105 个项目的负责人以及周边的民众进行访谈和交流，团队成员对被访谈者的谈话内容进行记录并填写调查问卷，此次调查对象共 767 人，收回有效调查问卷 663 份，比例达 86%。

团队成员将东莞帮扶政策与中山、佛山、广州、珠海等地的帮扶政策进行对比，发现东莞的帮扶政策有如下特点：一是东莞帮扶政策不仅有帮扶到次发达村，更落实到次发达村；二是在对次发达镇的帮扶中，由经济发达的镇区带动次发达、欠发达镇区，是典型的"先富帮后富，最终走向共同富裕"的改革开放之路；三是东莞帮扶次发达镇的政策不是一刀切，而是给予不同经济基础的镇区不同的帮扶基金和不同的 GDP 增长任务，充分考虑各个个体的特殊性；四是帮扶政策最终通过地方政府落实于产业发展上而非用于消费或者发放工资或者建办公大楼等，这是在帮助次发达镇提高"造血"功能，提升次发达镇的内生发展能力。

通过乡村振兴调研咨政，亲历调研，获得数据，对比、思考，总结经验，打磨成作品，东莞职业技术学院经济与管理学院的两项乡村振兴调研报告——《乡村振兴背景下东莞市"万企帮万村"行动实施现状调查报告》《先富帮后富，最终实现共同富裕——基于东莞帮扶次发达镇政策的调查与实证》——在 2021 年度广东省第十六届课外学术作品竞赛中收获特等奖的好成绩；并呈给东莞市政协相关内容的调研报告，获得极高评价。

（三）成果成效

在社会实践志愿服务方面，截至 2019 年，东莞职业技术学院共组建暑期社会实践团队 395 支，其中立项团队 211 支，镇街团队 184 支，累计超 16 000 名学子投身至社会实践活动。在 2016—2020 年获得的荣誉包括国家级优秀个人 2 项、国家级优秀团队 1 项、省级优秀团队 7 项、省级优秀个人 30 项、省级优秀单位 3 项。在建功乡村方面，2019 年，东莞职业技术学院 6 名优秀毕业生通过"西部计划"志愿者选拔将赴新疆服务，1 名优秀毕业生通过"山区计划"志愿者选拔将赴省内欠发达地区服务。2021 年，共有 14 名毕业生参加"广东大学生志愿服务山区计划"并成功选岗，签订协议后将赶赴广东省内欠发展地区助力乡村发展。"莞乡情，云贵行"东莞职业技术学院乡村振兴社会实践志愿服务队在2021年实践期间共开展3场贵州铜仁助农公益直播，观看人数累计近3000人，获点赞超20万次，销售总额达58万余元，并在"益苗计划"志愿服务项目大赛省赛中获评"省级示范项目"。

在双创教育与实践方面，东莞职业技术学院电子协会于2020年获全国高校百强社团称号，其作品在第十六届"挑战杯"省赛中获一等奖。东莞职业技术学院非你莫"薯"罗定实践队曾获第七届中国国际互联网+大学生创新创业大赛省赛银奖、第十六届"挑战杯"省赛一等奖、广东大中专"三下乡"社会实践全国重点团队和省级重点团队等荣誉。东莞职业技术学院大学生志愿服务乡村振兴团队调研作品《先富帮后富，最终实现共同富裕——基于东莞帮扶次发达镇政策的调查与实证》和《乡村振兴背景下东莞市"万企帮万村"行动实施现状调查报告》在第十六届课外学术作品竞赛中均获特等奖。

专业技术人才调研咨政方面，东莞职业技术学院充分体现了全过程、全方位、全员育人的"三全育人"理念，形成了进阶式、分层培养的育人进程，打造了支农、科普、社区服务、助学等多元化实践活动平台，构建了普及化、系统化、专业化的"点面结合"乡村振兴实践行动，并将实践项目引入课堂教学，形成具有职业教育特色的教学改革新典型，形成教育教学改革成果多项。完成相关纵向及横向课题多项。其中，《东莞乡村振兴，村域经济发展不平衡不充分专题调研》一文纳入东莞咨政内参；《健全长效帮扶机制，促进乡村振兴平衡发展》调研报告被东莞市政协采纳。

（四）经验总结及推广应用

东莞职业技术学院以职业教育赋能乡村振兴，提供服务支撑，其经验可以总结如下。首先，将乡村振兴专项实践纳入寒暑假社会实践，广泛动员师生志愿者参与。对于典型团队给予立项和相应经费支持，鼓励队伍持续深耕；同时邀请专业人士传授经验，加强培训，鼓励各队伍在日常生活中持续实践，可与自身专业特长相结合，持续打造精品服务品牌，扩大品牌效应。广泛动员专任教师带队参与社会实践，将第一课堂向第二课堂延伸，落实"三全育人"。其次，培育优秀双创团队，积极鼓励优秀青年学生返乡就业创业。广泛发动学生参与"山区计划""西部计划""展翅计划"，引导学生返乡入乡，投身乡村振兴，为乡村发展建功立业。同时，鼓励相关专业学生开展以乡村振兴为主要研究对象的创新创业工作，结合村（社区）的切实需求，通过"挑战杯"赛事不断孵化团队项目的专业性，反哺于村（社区）发展，以科技助农、以技术助农。最后，完善体制机制保障，让师生充满荣誉感、责任感、收获感。"第二课堂成绩单"制度的有序执行，将学生的第一课堂与第二课堂有机融合，以理论指导实践，以实践充实梦想。二课制度中把志愿服务、社会实践和创新创业等工作涵盖其中，同时将其纳入学生综合测评，优化教育评价改革机制，引导学生积极参与相关实践。落实对参与乡村振兴行动师生的保障机制，让团队有资源做事，有收获鼓劲儿，有指引前行。

东莞职业技术学院实践案例经过多年探索，逐步形成师生志愿者社会实践模式、大学生返乡就业创业模式、专业技术人才调研咨政模式等三大服务模式，成效显著，走出高职院校实践育人新路子，形成聚焦中心大局，服务党和国家建设发展战略的高职样板。

四、高职教育服务珠三角乡村振兴战略的供需分析结论

（一）乡村民众期望高职教育助推当地经济发展，促进乡风文明、政治民主

乡村民众对高职教育为乡村振兴战略服务最迫切的期望是能为当地经济发展助推力量，同时也对高职教育在促进乡风文明、政治民主方面寄予厚望。

（二）乡村民众对高职教育提供培训的需求高

乡村振兴战略中当地居民对高职教育提供的培训的需求：在培训意愿上，超过98%的当地居民愿意接受高职教育（培训）；在培训内容上，对市场营销、管理类课程的需求度最高，工业技术课程次之；在培训方式上，当地居民对培训方式有多样化求要，选择率最高的培训方式是高职教师到村培训；在培训时间上，应根据当地居民的多样化需求开设时间长度不一的培训班。

（三）乡村民众期望政府为高职教育提供制度和资金扶持

乡村民众对政府推动高职教育服务乡村振兴的期望主要表现为提供资金、政策、机构和信息机制等。

（四）珠三角乡村振兴战略发展对高职院校的期望较高，需求明确

珠三角乡村振兴战略中对高职院校的期望：在改革发展方面，对开设相关

专业、改进教学方式、增加相应的课程设置、增强学生的农村意识均有较强期待，其中对"增强学生的农村意识"期待最强；在主要任务方面，为当地居民提供职业教育（培训）、为乡村振兴战略提供优质人才、与农村开展研发项目合作、为农村和乡镇企业提供科技服务等四项均被认为是高职院校的主要任务，其中最重要的任务是"为当地居民提供职业教育（培训）"和"为乡村振兴战略提供优质人才"。

（五）珠三角乡村振兴战略对高职教育人才的需求量大

珠三角乡村振兴战略对高职教育人才的需求：在有无需求及数量上，珠三角地区对引进高职院校毕业生参与当地乡村振兴战略的需求非常强烈；在人才专业需求方面，主要集中在"工业技术类""经济管理类"，其次是"农业技术类"；在人才专业能力方面，认为高职学生参与乡村振兴战略最需要的依次是"专业实践能力""综合应用能力""专业技能""专业知识"；在人才素质方面，"学好专业知识和专业技能""树立为农村服务的思想""掌握相关政策""了解农村现状""参与生产实践，培养动手能力""与农民交朋友，培养爱心""培养吃苦耐劳的精神""参与社会实践活动，培养组织能力"都被认为是高职院校人才参与乡村振兴战略中"非常重要"或者"比较重要"的素质。

（六）高职教育能够有效供给乡村振兴发展

珠三角高职院校对于乡村振兴战略，特别是乡村振兴战略中农民的培养供给包括以下几个方面：加快发展以农民需求为导向的高职院校；协助开展"跨世纪青年农民科技培训工程"；全面发展"绿色证书"工程；积极开展科技致富、教育专项扶助项目。

第六章 乡村振兴战略背景下珠三角高职教育的发展思路

一、珠三角乡村振兴战略对高职教育的期待

（一）珠三角乡村振兴的现状背景

从经济社会发展格局上看，珠江三角洲地区作为我国改革开放的先行区和全国区域经济中心，已经形成以第二、三产业为主体，城镇化水平相当高的总体经济社会发展格局，但农业效益比较低下。从经济社会发展趋势角度看，珠三角农村地区对高职教育的需求主要集中在非农产业和工商管理领域，农村劳动力的专业化和职业化程度相对较低，推进乡村振兴战略、实现城乡统筹必然要求职业教育尤其是高职教育在培养农村新型劳动力方面积极介入和服务。从高职教育对珠三角乡村振兴的介入状态来看，户籍人口中接受过高职教育的人口回村工作比例低和专业不对口现象突出；高职教育与农村开展项目合作比例较低，为村民提供培训的机会较少；高职教育对农村影响程度较大，主要影响着农村经济发展和乡风文明的改善；对高职教育服务乡村振兴战略的评价呈现出满意度较高和信心较低的矛盾心态。

（二）高职教育服务珠三角乡村振兴的矛盾

整体上，珠三角对高职教育的了解程度较低；在对高职教育的社会认同方面，乡村居民对高职教育在高等教育中的地位、高职教育发展现状、高职教育促进乡村振兴战略方面认同度均比较低，对高职院校地位的合法性和设置的必要性、高职院校教师的职业能力、高职院校生源质量均持怀疑态度；高职教育在办学方向、服务农村意识、教师素质、教学方式、教学内容等方面对乡村振兴战略均呈现出较低的适应程度；乡村居民期望（将来）子女就读高职院校意愿程度较低，但期望子女回村发展的意愿程度较高。

（三）珠三角乡村振兴对高职教育服务的期待

珠三角乡村振兴背景下，居民对高职教育最迫切的期望是高职教育能成为当地经济发展的助推力量，同时也对高职教育在促进乡风文明、政治民主建设方面寄予厚望。同时，希望政府在推动高职教育服务乡村振兴的项目中，提供资金、政策、机构和信息机制等支持。

珠三角乡村振兴背景下，居民对高职教育提供的培训有明确的个性需求。在培训意愿上，超过98%的当地居民有接受高职教育（培训）的意愿；在培训内容上，对市场营销、管理类课程的需求度最高，工业技术课程次之；在培训方式上，当地居民对培训方式需求多样化，选择率最高的培训方式是高职教师

到村培训；在培训时间上，需要根据当地居民的多样化需求开设长度不一的培训班。

珠三角乡村振兴背景下，居民对高职院校的自身改革充满期待。在教学改革发展方面，居民对高职院校开设相关专业、改进教学方式、增加相应的课程设置、增强学生的农村意识均有较强期待，其中对"增强学生的农村意识"期待最强；在高职院校开展的服务项目方面，为当地居民提供职业教育（培训）、为乡村振兴战略提供优质人才、与农村开展研发项目合作、为农村和乡镇企业提供科技服务等四项被认为是高职院校需要提供的主要项目，其中最重要的是"为当地居民提供职业教育（培训）"和"为乡村振兴战略提供优质人才"。

珠三角乡村振兴背景下，居民对高职教育人才培养具有明确的要求。在有无需求及数量上，珠三角对引进高职院校毕业生参与当地乡村振兴战略的需求非常强烈；在人才专业需求方面，主要集中在"工业技术类""经济管理类"，其次是"农业技术类"；在人才专业能力方面，居民认为高职学生参与乡村振兴战略最需要具备的依次是"专业实践能力""综合应用能力""专业技能""专业知识"；在人才素质方面，"学好专业知识和专业技能""树立为农村服务的思想""掌握相关政策""了解农村现状""参与生产实践，培养动手能力""与农民交朋友，培养爱心""培养吃苦耐劳的精神""参与社会实践活动，培养组织能力"都被认为是高职院校人才参与乡村振兴战略时"非常重要"或者"比较重要"的素质。

二、国内外职业教育服务乡村发展的经验与启示

（一）国外职业教育服务乡村发展的模式

德国的职业教育在早期就已经受到了广泛的关注，因为其本身十分重视技术，第二次世界大战期间其职业教育理论就已经逐渐成熟。关于职业教育，德国有著名的"双元制"模式，学校和农村是二元主体，学校根据农村建设的需求培养人才并向农村输送人才，实现共同发展。该模式强调教学内容的实用性和专业性，理论与实践相结合，提高职业学生在建设农村中的重要作用。①

英国的职业教育也有其特点，其院校非常多，导致竞争激烈，因而职业院

---

① 崔国富.新农村与城镇化建设视域下农村教育综合改革研究[M].北京：中国文史出版社，2014：45.

校往往是通过市场导向来确定办学方式的。根据农村急需人才、农民素质和技能急需提高的现状，学校可以放宽条件，举办短期培训，从而为农村建设提供服务。除此之外，英国高职院校还有偿为农村提供自身的师资和场地资源，争取赞助资金和企业捐款，以筹集资金办学，兼顾农村建设及职业教育发展。

美国的职业教育同样在农村发挥其功能。职业教育是与经济、社会联系最紧密的一种教育模式，农村建设能否取得该有的成效，职业教育占据重要部分。另外，政府鼓励职业教育服务于农业建设，美国立法规定每个州都要建立州立农学院，并且规定其必须农科教为一体，因而，农业技术得到了推广、科研得到了加强，维护了农业发展和农村建设。

日本的农业职业教育贯穿义务教育、高中、继续教育等阶段，高中阶段就开始为之后从事农业人员的就业做打算，从而培养其为新型农民和技术人员。继续教育的人才培养目标更高，培养也更严格。因为这个阶段延续、补充了高中阶段的教育，因而培养了精尖端人才，这些人才覆盖了农业的各个领域，成为先进的农业知识和技能的传播者。如此一来，此种职业教育既提高了全民素质，又能够推动当地农业的发展。

韩国充分利用了职业教育网站来推动其农村运动。①20世纪70年代，韩国开始加强农业职业教育和实用技术培训，并成立"新村指导员研修院"，将其作为枢纽，明确培训对象，构建培训内容和培训方式，推动农村运动发展。韩国多培训部分优秀农民，勉励其立志改变家乡风貌，为乡村振兴战略做出贡献。培训内容多种多样，包括实用技术、业务管理、企业管理等各层面。培训方式包括讲座、讨论、授课等，长短期相结合进行。乡村振兴战略运动的持续进行使得研修院不断进步，成为一个较为完善的农村职业教育培训网络体系，从而推动了农村精神文明和物质文明的发展与进步。

丹麦的农业具有严格的就业准入制度，只有经过一系列专业技术的培训和指导教育，在取得职业资格证书之后，才能顺利成为农民。因此在丹麦，农民这个职业是有较高要求的，门槛高，农业人才都具有高素质、高技能，能够使用高科技，从而保证了丹麦的农业现代化进程不断发展。②

---

① 李英杰.中原经济区发展报告：2014[M].北京：社会科学文献出版社，2014：210.
② 吴雪萍.国际职业技术教育研究[M].杭州：浙江大学出版社，2004：28.

（二）国外职业教育服务乡村发展的特点分析

职业院校需转变办学模式和培养方式。面对市场激烈的竞争，职业教育必须以市场为导向。英国职业教育正是适应了市场变化，改变自身办学模式，从而取得了成功。另外，在学校自身经费、资源不足的情况下，可以尝试实行德国"二元制"的创学模式。学校自身的力量不足以培养出市场需求的人才，将企业引入教学中，实现资源共享、合作培养，达到事半功倍的效果。而培养人才必须灵活多变。职业教育面对的不仅仅是学生，由于要发展农村建设，其面对的还有广大农民。因而，职业教育不仅仅要将课堂作为教学地点，只安排长期的单一的学历教育是不够的，还要将教学地点移到农村，将学历教育和非学历教育相结合，长期教育和短期教育相结合，从而更好地服务于农村，正如韩国的职业教育一样。

职业教育应用于农村建设须有法律保障。职业教育的健康发展需要借助于健全的法律法规的支撑，从而保障其在农村建设中能够取得成效。比如，美国《莫雷尔法案》《史密斯-休斯教育法案》和英国的《技术教育法》等就保障了各自国家职业教育的发展。法律法规不仅仅规范了职业教育标准，而且为发展职业教育提供了依据，为有效促使职业教育运用于农村建设提供了助力。

职业教育与普通教育相辅相成。职业教育由于国家对技能型人才需求的增长，其地位也大大提高。因而，学生能够充分认识和了解职业知识，同时学习职业技能，这是职业教育未来的发展趋势。在普通教育中渗透职业教育，更加能够培养出岗位所需的人才，正如日本所提倡的，农村建设中能够利用高素质、高职业技能的农业人才，是未来建设农业现代化的重中之重。①

职业教育须以市场需求为导向。发达国家职业教育就是根据市场变化而调整自己的目标与计划的。比如，意大利的农业由传统型转向现代化的过程中，农村休闲旅游业异军突起，因而意大利根据这一特点调整了培养计划，在为旅游业提供人才的同时，还成功地转移了农村富余劳动力，解决了农村人口的就业压力问题。

（三）国内外职业教育服务乡村发展的启示

完善珠三角高职教育服务于乡村振兴战略的体系可以从以下方面入手。

---

① 彭干梓.农村职业技术教育概论[M].北京：农业出版社，1993：49-53.

1. 注重职业教育课程改革

课程改革遵守以市场为主导、就业为指导的原则，将理论与实践相结合，合理设置专业，从而培养出适应市场需求的综合型人才。突出当地经济、文化特色，打造重点、精品的专业，保障珠三角与农业相关的人才供需，从而能够将珠三角的部分粗放型农业转变为精细型高效农业。对民族文化传承人的需求也同样迫切。珠三角职业教育部门应该坚持保护传统文化遗产、传承民族精神的原则，设置民族文化管理、民族乐器、服饰、饮食等课程，促进民族文化的发展和传承。珠三角现代服务业相对发达，对服务从业人员的需求量较大，职业教育应开设包括酒店、餐饮、休闲运动等相关专业。乡村振兴战略同时也对各级农村管理人员提出了要求，对于村委会、村小组等能够管理、监督的人员，设置村干部，并且教授其管理知识、财务知识和监督知识等。①

2. 加强师资队伍的建设

建设适应乡村振兴战略需求的职业教育师资队伍。充分利用引入机制、培训机制，保障职业教育中教师的力量，只有师资质量得到保障，才能够确保培养的学员的质量。一是要注重开源，提高当地教师的待遇和福利，特别是直接参与乡村振兴建设和对口帮扶的教师团队，应该寄予相应的物质和精神奖励，鼓励教师到基层，到乡村建设一线。二是要严格注重准入制度，保证教师质量。支持乡村振兴建设的职业教育教师应该适应当地产业、经济、文化发展需求，而不是"谁有空谁去"的任务式派遣。三是要增强培训力度，提升教师的素质。高职院校需要制定教师的学习制度，加强教师技术与实践知识的学习，同时建立教师考核制度和考绩档案制度，②确保教师的思想意识、知识素养和技能水平与乡村振兴战略同步。

3. 强化政府引导和支持作用

政府应加大对农村职业教育的宣传力度，建立职业教育资金保障机制。作为舆论主导，政府可以运用广播、电视、报纸等媒体来传播职业教育思想，宣传职业教育应用于乡村教育的理念，也可以采取讲座等形式宣传职业经济在经济不发达地区的作用。加大对职业教育地位及政策、职业学校理念、职业教育

---

① 王桂新，陈冠春，魏星.城市农民工市民化意愿影响因素考察：以上海市为例[J].人口与发展，2010，16（2）：2-11.
② 王文新，钱素文.农民科技教育培训存在的问题及对策[J].现代农业科技，2011（20）：391-392，395.

人才需求、就业创业前景及成功案例的宣传。[①] 建立职业教育资金保障机制可以从加强财政支持力度、统筹资金、多元投融、建立资金管理与监督机制入手，保证职业教育的资金需求。

4. 鼓励跨区域和行业协作的机制

跨地域协作主要包括全国范围内的东西部协作、广东范围内的粤东西北协作以及珠三角区域协作。此处的跨行业协作是指高职院校、培训机构、行业、企业等在乡村振兴建设中的合作。合作可以穿插在招生、培训、就业的各个阶段中。企业可以积极提供技术、资金参与人才培养；培训机构可以承担政府和高职院校转接的教育培训功能；高职院校可以加强就业和创业指导，提供相应的就业指导机制，对应企业可以提供相应的岗位和平台。

三、珠三角高职教育服务乡村振兴战略实践措施

根据珠三角职业教育发展的内在决定因素和外部环境，借鉴国内外高职教育的发展经验，在乡村振兴战略的重大机遇下，充分发挥珠三角的优势，加大对农村职业教育的宣传力度、建立职业教育资金保障机制、建立职业教育网络体系、开展适应产业需求的教育教学改革、强化师资队伍建设、优化办学模式、鼓励企业行业参与，将有利于推动珠三角高职教育自身发展，推动珠三角高职教育更有力地服务乡村振兴。

（一）加大对农村职业教育的宣传力度

1. 加大对高职教育地位与作用的宣传

珠三角需要强调职业教育产业观和职业教育生产力观的思想，从源头上强调职业教育的重要性，将其在经济、社会发展中的重要作用深深刻印在人们的思想中，让人们从根本上消除对于职业教育的偏见，从而推动珠三角高职教育事业的发展。

加大对高职教育优势的宣传。消除对高职教育的偏见，就从意识层面为高职教育的发展创造了好的环境，当地人也会根据自身需求选择就读高职院校。高职院校分为行业特色高职和地域特色高职，大部分具有自身的特点和优势。政府需要加大对当地不同高职院校的特色宣传，吸引生源，大力发展适应珠三角乡村振兴的相关专业和特色高职院校。

---

① 谢鹏飞，张崇智，王启兰．加强农民科技教育培训促进农村经济发展 [J]．农民致富之友，2015（7）：6，90．

2. 加大对高职教育人才需求及就业、创业前景的宣传

珠三角经济发达，地域广阔，高职院校发展的机遇较多，宣传珠三角对高职教育人才的需求以及高职学生的就业、创业前景，就能很好地推动职业教育的发展。随着乡村振兴战略的高歌猛进，农村产业发展和农村管理人才将供不应求，旅游和休闲业对于职业教育人才的需求也逐渐增长，珠三角各类产业发展对于各种层次与种类的技术技能人才的需求也在不断增加。政府大力宣传珠三角高职院校的就业、创业情况，让社会大众了解高职学生的美好就业前景，能为珠三角高职院校的发展提供更大的空间。

3. 加大对高职院校相关政策倾斜的宣传

随着国家层面对职业教育的重视程度不断加大，支持发展职业教育的政策也逐渐增多。政府要大力宣传国家对发展职业教育的政策导向，包括对高职院校学生的学费、创业、对口就业等的优惠政策，特别要加大对农村地区的宣传力度，鼓励农村学生进入高职院校就读，同时鼓励学生基层就业与创业，为珠三角乡村振兴战略输送人才。

4. 加大对成功案例的宣传

"酒香也怕巷子深"，珠三角高职教育人才培养的成功案例数不胜数，收集高职教育的成功案例信息，宣扬高职教育的成效是一项必须要开展的工作。政府可以通过教育机构、社会团体、行业企业等利用讲座、会议等形式，邀请当地成功就业以及创业的高职学生来讲述自己的成功经历，从而增加人们对高职教育的信心，扩大职业教育的影响力。[①]

（二）建立职业教育资金保障机制

1. 加大对高职教育的财政支持

据世界银行1988年的一项研究表明，发展中国家职业技术学校人均成本通常比普通中学要高153%，但是我国的财政投入在职业学校中的比率却远远不及在普通初高中学校的比例。近年来，珠三角虽然增加了在高职教育方面的投入，但是与在普通高等教育中的投入相比，投入在高职教育中的资金还是相对较少，地方财政中偏向普通高等教育较多。这种经费投入不符合珠三角产业发展和乡村振兴战略的需求。在乡村振兴战略的背景下，珠三角必须要明确职业教育的重要性和急迫性，并且提前核定职业教育生均培养成本，明确职业教

---

① 朱启臻. 中国农民职业技术教育研究 [M]. 北京：中国农业出版社，2003：23-30.

育的学费标准，制订合理并且可行的财政拨款计划，均衡普职投入。[①]高职教育重视实训，实训设备和场地投入较大，地方财政应加大包括教学设备设施、实训基地建设以及实验室建设等设施的建设。在新时期、新形势下，地方财政除了加大校内实训设备的更新换代，也要将职业教育实训的基地蔓延到城市工业区、农村合作基地等地区，加强校外实习实训基地的建设。

2. 建立多元投融资体系筹集社会资金

一方面，公办教育的资金来源主要为财政投入，珠三角区域的财政投入相对比较充足，但是职业技术教育的资金需求较多，资金需求缺口就决定了需要吸引更多的社会资金参与职业教育。另一方面，吸引社会多方资金对职业教育的投入，是吸引社会对职业教育的关注，增加社会对职业教育责任感的有效途径。政府可以制定相应的优惠政策，鼓励各方企业、行业参与投资，投资可以采用现金、设备、基地以及技术等形式参与。在投资方面，政府可以通过借贷保证或者发行教育彩票的形式进行融资，投资教育。[②]黄炎培"大职业教育主义"思想中提到职业教育"社会化"的特点，高职教育是鼓励社会各方参与办学的，高职教育的特点也决定了其需要面向社会进行办学。社会参与办学有众多益处：一是可以利用社会投入资金，解决职业教育资金缺乏的问题；二是可以提升参与办学企业的声誉和效益，达到有益于社会和企业的双赢目的。同时，在校企联合办学或者独立办学方面，政府要加大审核和监管力度，对于参与办学的机构进行资格准入核查，明确各个办学主体的权力与责任，并且在办学的过程中抽查、检查高职院校的办学成效，从而使得职业教育能够遵守市场机制，推动珠三角职业教育的健康发展。

（三）建立职业教育网络体系

乡村振兴所需要的职业教育涵盖学历提升、技术培训、文化培育等各方面，承担乡村振兴职业教育义务的有社会培训机构、中职学校、高职院校、社区学院等。培训内容相对独立又相互交叉，培训机构之间的关系错综复杂。高职教育的公益性和资源的有限性导致高职教育在乡村振兴战略中的服务能力较弱。政府应该统筹全局，站在总领的高度建立相应的覆盖全地区的职业教育网络。

---

① 陈祝林，徐朔，王建初.职教师资培养的国际比较[M].上海：同济大学出版社，2004：163.

② 吴雪萍.国际职业技术教育研究[M].杭州：浙江大学出版社，2004：375.

1. 统筹区域内职业教育系统资源

建立系统的职业教育网络体系，协同区域内的高职院校、技工学校、中职学校、培训机构等相关技术培训部门；明确各类机构在乡村振兴中应该承担的职责和任务。制订乡村振兴职业教育规划，构建珠三角乡村振兴职业教育人才库和项目，按计划实施乡村振兴战略职业教育培训和项目建设。

2. 建立"市级、县级、乡级、村级"的职业教育网络

乡镇和农村是高职教育需求度最高和教育实施最有效的层级，在乡村和乡镇设立社区学院或职业教育中心，一方面不断探索普通教育与职业教育之间的课程融合，在义务教育阶段实现职业教育的渗透融通，在小学、初中实施职业启蒙教育。比如，在小学中、高年级开设花卉种植、电路连接等第二课堂，在普通中学开设职业技能班等，让乡村学生尽早接触到职业教育，改变以往脱离实践教学的常态。另一方面，职业教育中心承担乡村职业技术顾问团功能，随时解决农民相关技术问题。乡镇职业教师和职业技术顾问不但要对所在乡镇和乡村的职业教育和技术支持负责，还要具有向县、市职业教育管理部门或职业院校延展的功能，上下联动，合力推进乡村职业教育的发展。

(四) 开展适应产业需求的教育教学改革

1. 合理设置专业

首先，珠三角农业现代化推广较好，农业产业化也正在转型升级，农业开始慢慢从粗放型向精细化转化。农业产业对现代农业从业人员有更严格、更多元的要求，包括有文化、知技术、会经营等方面。珠三角自然资源丰富，产业特色明显，当地职业院校的专业设置应契合当地农业产业，发展现代农业技术，同时，关注农产品加工、营销、管理以及基础设备等各方面需要，培养一专多能的现代农业人才。其次，珠三角一些地方是少数民族聚居区，民族特色比较明显。为了传承民族文化和特色，高职院校需要设置一些民族文化传承、民族文化管理和保护等相关专业，保护和推动民族事业的发展。再次，珠三角自然资源丰富，乡村振兴战略推动了乡村旅游业的发展，也推动了酒店、餐饮、休闲运动等第三产业的发展，高职教育应该设置酒店、餐饮管理、商务、导游等专业，为乡村振兴培养现代服务业人才。①最后，乡村振兴战略的"管理民主"

---

① 李凤兰. 湖北民族地区职业教育现状分析与发展对策研究 [D]. 武汉：华中农业大学，2010：43.

高职教育服务中国特色乡村振兴战略研究

对管理人员提出了新的要求，村委会、村小组、村委监督委员会需要会文化、管理出色、能够监督的人才。高职教育需要设立"村干部班"，传授相关的管理知识、财政知识、监督知识等，为农村培养管理与服务型人才。

2. 开发特色教材

校企合作教材、特色创新教材的开发是高职教育改革的一项重要内容。为了适应乡村振兴的需要，高职院校应该投入更多资金与精力，联合政府相关部门、企业、行业协会，根据乡村振兴中经济社会的发展趋势，开展特色教材研发，保证教材适应性、有效性。

3. 更新教学内容

在当代，高职院校人才不仅需要有专业技能，也需要较高的文化基础和素养。相比分化程度较高的现代工业领域，乡村振兴建设分工相对不明细，只有具备了过硬的专业技能和较高的综合素质，才能应对农村建设中的繁杂事务和各种挑战。教学内容的更新始终需要注重理论与实践相结合，不仅要传授理论知识，也要培养实践能力，更加要注重职业能力与职业道德的提升，这是职业教育人才培养的要求。作为产业现代化程度较高的地区，珠三角的高职教育需要注重产、学、研、创结合，紧跟乃至引领产业发展步伐，为职业教育服务乡村振兴提供示范。

（五）强化师资队伍建设

1. 注重"开源"，填补师资缺口

珠三角人口增长速度快，各阶段学校学生数量增长迅速，教育暂时面临着师资紧缺的问题。高职教育不仅面临学生数量的增多，也面临着教育质量的提升。高职教育配齐师资队伍需要做到以下几点：一是提高教师待遇和福利，给予教师一定程度上的自主教学空间，对外吸引人才，对内守住人才。二是从当地政府部门、企业、行业中聘请具备相关技术职称的人员作为专职或兼职教师，对珠三角职业教育师资力量进行补充。三是与技术师范学院、国内外职业技术学校对口师资交流，聘请具有国际化视野的技术能力强、教学水平高的师资队伍。

2. 严格准入制度，确保师资质量

珠三角职业学校要结合本地区经济社会实际确定教师资格底线，从学历、职称、年龄、专业、学术状况、实践技能等方面明确标准，并严格执行教师资格准入制度，从源头上确保师资质量。

3. 加大培训力度，提高教师素质

珠三角的职业学校要注重对在职教师的培训，建立完善的教师培训体制，明确培训对象、培训机构、培训内容、培训数量、培训形式、培训效果检验等方面的标准。培训对象应包括每一位教师。培训机构可以是政府主管部门、其他职业院校，也可以是企业或是行业协会。培训内容包括职前培训和职后培训、学术培训和技能培训、职业能力培训和职业道德培训等。为适应珠三角乡村振兴战略的要求，珠三角职业学校应充分与农村、企业、行业合作，以技术指导等方式让教师深入职业第一现场进行实践，积累实践经验，以便更好地教授学生。培训形式根据培训内容确定，如理论知识的培训可以采用授课、讲座、交流等形式开展，实践技能培训可以采用实地指导、交叉顶岗等形式开展。实地指导即教师深入农村或企业，以技术顾问的身份对农民进行相关产业技术指导，或以培训师的身份对企业员工进行操作技能、商务礼仪等内容的实训；交叉顶岗即教师与企业或政府相关部门技术人员实行交叉换位，学校聘请校外相关技术人员作为兼职或专职教师，同时学校的教师到政府相关部门、企业和科研机构顶岗交流与学习。

（六）优化办学模式

办学模式是指"在一定历史条件下，以一定的办学思想为指导，在办学实践中逐步形成的规范化的结构形态和运行机制"，涉及办学目标、办学主体等方面的内容。在经济快速发展、竞争日益激烈的今天，高职教育要想立足于市场，就必须挣脱传统办学模式的束缚，努力探索适合本地区经济和社会发展的新模式。

珠三角高职教育应该根据"市场导向、服务当地、促进就业"的目标来开展办学。其前提是以市场为导向，策略是服务珠三角，办学的目的是促进就业。在办学主体上，珠三角的高职院校不仅仅要自主办学，还要以转让股份的方式让其他企业、行业或者其他机构加入办学，采用各种方式完善高职教育。办学模式应根据市场需求、社会需求来设置教学内容，选用适合的培养方式。在乡村振兴战略的背景下，农村职业教育的人才培养要求职业教育不能拘泥于对在校学生的学历教育上，还应主动将农民技能培训和劳动力转移培训融入其中。学校除了开展正常学期教学外，还应考虑农民"春耕秋收"的作业特点，选取农闲时节走乡入户；教学内容需要将理论与实际相结合、职业能力与职业道德相结合，合理培养学生。

（七）鼓励企业行业参与

国内外高职教育的发展历程证明，只靠高职院校和政府不足以办成高质量的职业教育，行业、企业等社会各方参与是职业教育良性发展必不可少的条件。

企业参与职业教育的方式主要有三种。一是企业赞助方式。企业可以资助高职教育和科研项目，资助方式可以是长期或者短期的资金资助（包括助学金、奖学金、专项基金等）或者物质资助（高职院校教学实训用的设备、设施等）。二是联合培养方式。企业可以通过参与高职院校学生的招生、培养、就业等过程，与学校共同培养学生。这种方式主要包括订单式培养、现代学徒制等形式。三是企业独立办学。一些大型企业拥有独自开设培训班和培训学校的资源，如华为培训学院、碧桂园职业技术学院是企业办学的成功典范。一些规模以上的企业也设立了职业培训部门，对员工或外来人员进行培训。规模小的企业不设立培训部门，但可以征收一定比例的税金来作为基金培训学员。①

行业协会参与高职教育主要有以下几个方面的作用。一是探寻开放办学模式。依托行业协会平台，整合企业、高职院校资源，开放办学形式，探寻新办学模式，有效衔接高职院校人才培养与社会需求。二是推动高职教育校企合作。企业作为市场机制中的活跃成员，追求利润最大化；而职业院校作为公益性组织，以育人为导向。行业协会作为市场与各个行业的企业代言人，以第三者的身份深入校企合作双方进行协调，引导校企双方找到利益结合点，协调两者进行对话，深化职业教育产教融合、校企合作。三是改进职业教育技能资格标准。随着科学技术的进步，技术技能资格标准需要不断更新迭代。行业协会能整合本行业技术资源，不断更新技术标准，主导或协助相关政府部门出台技术技能资格标准，指导学校制定职业教育人才培养的技能要求。

---

① 岳智勇. 四川藏区"9+3"免费职业教育政策的可行性研究 [D]. 成都：电子科技大学，2012：47.

第七章 推动高职教育服务乡村振兴战略的思考

推进珠三角乡村振兴战略、实现城乡统筹迫切要求职业教育尤其是高职教育的介入。尽管广东省的高职教育取得了长足发展,但调查研究表明当前高职教育在服务珠三角乡村振兴战略过程中仍然存在着服务力度不够、影响范围有限、社会认同度不高等问题;珠三角农村对高职教育的需求旺盛。乡村振兴战略是广东省高职教育发展的新机遇和新挑战,广东省高职教育迅速发展也将为珠三角乡村振兴战略提供重要的推动力。推动广东省高职教育与珠三角乡村振兴战略实现耦合发展,是一项系统工程,需要从多方面入手。

一、加强政府政策支持

2021年10月,中共中央办公厅、国务院办公厅印发的《关于推动现代职业教育高质量发展的意见》中指出,各级政府要统筹职业教育和人力资源开发的规模、结构和层次,将产教融合列入经济社会发展规划。政府既是乡村振兴战略的主要推动者,也是高职教育发展的重要依靠力量,因而,政府在推动高职教育服务珠三角乡村振兴战略方面扮演着重要角色。总体而言,在推动高职教育服务珠三角乡村振兴战略过程中,政府扮演的是一个枢纽性角色,起着引导、激励、管理、服务等作用,具体而言应该从如下几方面来着力:

(一)转变观念,激发高职教育"为乡村振兴战略服务"的内驱力

一些政府领导虽然能重视乡村振兴的问题,但对于高职院校在现代化乡村振兴战略中所起到的重要作用尚没有全面认识。一方面,政府与高职院校之间似乎存在非零和博弈的关系,很多高职院校,特别是民办高职院校,资金、人力资源都由高职院校独立支配,而政府只起一个宏观调控的作用。由于对高职院校的近零干预,政府不能很好地配合高职院校服务乡村振兴战略的工作,阻碍了高职院校作用的发挥。另一方面,高职院校与农村联系甚微,没有政府,特别是基层政府的积极配合,高职院校的影响力量很难进入农村,政府应提高高职院校在现代化乡村振兴战略中的作用和意义,发挥积极主动的作用,让高职院校的力量逐步向农村渗透。

1. 转变高职教育指导思想,由单一"城市取向"向注重"农村取向"转变

我国长期以来形成了城市与农村分化的"二元"经济社会结构。政府公共政策一直存在着明显的"城市取向",导致我国城乡差距不断拉大。反映到高职教育指导思想方面,就表现为重视为城市建设服务,而极少为农业农村培养人才。单一的"城市取向"必然不能适应经济、社会的发展,必然要求高职教

育注重"农村取向"与之相适应。我们已经看到,珠三角农村的城镇化程度已经很高,农村的经济发展、乡村文明和政治民主都需要高职教育的参与。有些农村已经与高职教育有了初步的接触,如请学院专家到村里讲座,派村民到高职院校学习,与高职院校开展活动,等等。这种自发的农村高职教育实践已显示出勃勃生机,为农村高职教育的发展进行了有益的尝试,对农村高职教育的大发展具有启发和示范作用。

2. 应转变高职教育的发展理念,构建独立的现代职业教育体系

传统的高职教育主要在中专(高中)和大专阶段。因此,由于上升通道的阻塞,初中阶段好的生源不愿意选择中职,高中阶段好的生源不愿意选择高职。高职院校尽可能选择"向上漂移",专科学校想办成本科,本科学校想办硕士学位授权点,办了硕士学位授权点还想办博士学位授权点;专科学校想办成多科院校,专门大学想办成综合性大学,应用型大学想办成研究型大学。结果是就好的高职升本之后办成了综合性研究型大学,职业教育的特色逐渐丢失。中共中央办公厅、国务院办公厅印发的《关于推动现代职业教育高质量发展的意见》提出要巩固职业教育类型定位,加快建立"职教高考"制度;推进不同层次职业教育纵向贯通,稳步发展职业本科教育;促进不同类型教育横向融通,推动中等职业学校与普通高中、高等职业学校与应用型大学课程互选、学分互认。自此职业教育不再是一种低层次的教育,而是一种与普通教育具有同等地位的类型教育。职业教育不再以"向上漂移"为目标,而是致力"向下深入",着力为农村、为基层服务。这是乡村振兴对高职教育资源优化配置的需要。

3. 转变高职教育管理理念,政府主导和学校自主管理相结合

在全国上下都在积极为乡村振兴战略服务的背景下,政府应转变职能,在宏观管理和市场机制调节下,适当扩大高职院校的自主权,给予高职院校诸如在灵活设置农村分校及办学点、灵活设置专业、灵活组建科研组织等方面的权力,从而使学校能充分根据自己的情况,确立自己为农村服务的方向,发挥自己的优势和特长,积极主动投身到乡村振兴战略的伟大事业中,亲身实践和履行自己应承担的使命。

(二)要加大财政投入,提高高职教育"为乡村振兴战略服务"的资源供给能力

高职院校在服务乡村振兴战略时需要大量资金,乡村振兴战略的技术研究、技术推广、农村人力资源培训都需要资金投入。政府对高职院校服务乡村振兴

方面有专门的资金投入，但是投入还有不足，高职院校服务乡村振兴的资源整体优势尚未充分发挥，制约高职院校服务乡村振兴工作的开展。

1. 政府应加大对高职教育的整体投入

高职教育与普通高等教育一个最大的不同点在于高职教育侧重于学生的动手能力即实践能力的培养，这就要求高职院校在校内和校外建立大批实训实习基地。建立实训实习基地是耗资巨大的工程，没有政府强大的投入，学院实训实习基地的建设很难达到较高的标准。在我国教育经费投入主要依靠国家财政的投资体制下，国家整体教育投入不足，必然极大地限制高职教育的投入，甚至带来高职教育与普通高等教育争夺资源的问题。在珠三角，高职教育与普通高等教育的投入相当，这反映了政府对职业教育的重视，但总体来看，经费分配没有突出职业教育的特点，用于学生实训实习的经费相对投入不足，在一定程度上限制了高职教育的发展，影响高职教育资源供给能力。

2. 政府应对民办高职教育有所重视

民办高职教育在我国高职教育中占据很重要地位。民办高职教育与公办高职教育的经费投入总量因地区不同而存在很大的差异，东部地区经济较为发达，高等教育经费相对充足，民办与公办职业教育的经费投入相对都比较多；中西部地区经济相对落后，相应地，高职教育财政投入水平较低，公办高职教育的投入比民办的更低，甚至难以保证正常的教育运行和基本的教育质量。民办高职教育的投入因企业的营利性质决定其投入相对欠缺。为了促进高职教育的良性发展，政府在对民办职业教育实行监管的同时也要加强公助，对民办职业教育进行一定的经济支助，同时严格规定这一部分公助资金的使用范围，确保其用于学生实践能力的培养。

3. 在扩大高职教育规模的同时，应注重扩大农村生源的规模

我国高职教育对农村经济增长贡献率不高，最突出的原因在于农民受教育程度不高，人均受高等教育年限极低。因此，要提高高职教育对农村经济增长的贡献率，必须着力扩大农村生源的招收规模。要充分注意到农村生源一般家庭比较贫困的特点，着力解决贫困学生的学费、生活费问题。

（三）要深化改革，建立高职教育"为乡村振兴战略服务"配套机制

高职教育服务乡村振兴战略不能只靠高职院校自觉，政府要加以引导。为此，应建立有利于高职教育为农村经济建设服务的相应配套机制。

1. 建立促进高职教育"为农服务"的财政支持机制

在拨款和贷款方面对涉农高职院校给予倾斜和一定的政策优惠,这也是实现高职教育公益性的需要。

2. 建立新的高职教育质量评估体系

高度重视评估的导向性,从过去单纯注重学术评估转到注重社会贡献的评估上来,将高职教育为农服务纳入高职教育质量评价核心指标体系,并将评价结果与财政支持、计划调控和重点建设项目挂钩。

3. 制定和落实对涉农教师的优惠政策

要制定和实行从事科技成果转化和为农服务有关的教师在职称评定、待遇、聘任及年度考核等方面的相关优惠政策,加大对涉农科学研究和涉农科研成果转化有突出贡献人员的奖励力度,鼓励和引导教师为农服务。

4. 建立"农学研"结合机制

过去我国高职教育与企业的结合比较好,而与农村的结合并不显著,在新的时期,我们要建立起鼓励为农服务的"农学研"结合的运行机制,充分发挥高职教育智囊团功能,致力为农村经济社会建设服务。高职教育要根据农村产业结构调整和经济建设的需要,建立相应专业设置、人才培养模式和学制,培养农村急需的实用人才。而且各个专业特别是一些涉及高科技领域的专业都应积极探索发展农村经济,拓展为农村服务的领域和途径。同时,高校在农村建立农村教育、教学及社会实践基地。①

二、深化高职教育改革

大力发展高职教育,不仅能够从根本上为乡村振兴战略的可持续发展提供持久的智力支持和保证,还能够为乡村振兴战略提供一系列的相关科研成果并使其具体转化,更好地促进产学研合作,有能力为我国的乡村振兴服务。因此,参与和服务于珠三角乡村振兴战略对高职院校是一次新的挑战,更是难得的机遇。高职院校应该牢牢把握住这个难得的机会,通过服务珠三角乡村振兴战略来实现自身的发展。根据本课题组在调研过程中所了解的情况和对问卷资料统计分析所呈现的结果,结合珠三角乡村振兴战略的实际需要,我们认为,如下几方面应该是高职院校改革的方向。

---

① 刘厚军. 面向农村的职业教育体制机制研究 [D]. 荆州:长江大学,2012:36.

（一）大力发展涉农高职教育，提高高职教育"为乡村振兴战略服务"适切性

1. 要把握高职技术教育的优势

当前，高职教育发展迅速，2002年高职技术教育已在高等教育中占据超过一半的比例。但是，面向农村的并以发展农村经济为目标的高职教育院校还很缺乏。高职教育相对普通高等教育，更需要承担起开发、建设农村和发展农村经济的重任，这是高职教育适应社会发展的必然要求。因此，我们要积极利用高职院校在专业和技术上的优势资源，把"专业、技术办产业，产业促专业、技术，产教结合"，以及"创建实践基地，边学边做，边做边创新，产学结合"确定为学校的工作中心，以获得"以产养教，以产促学，以产宣传学校"的经济效益和社会效益，这样做既可满足农村经济发展的需求，又可实现高职教育的可持续发展。

2. 要发挥地方高职院校的优势

地方高职院校一般都是为了适应本地区经济、政治和文化发展的需要，由地方政府筹建起来的，其投资主体为地方政府，当地的经济社会发展状况直接影响到地方高职院校的生存和发展。地方高职院校依托地方，以本地学生居多，农村学生也多集中在地方高职院校，他们对农村拥有更多的感性认识，对乡村振兴战略也拥有更多的关注和情感认同，对扶助农业、农村和农民也将有更多的积极性、热力与激情。有学者指出，"地方高校是农村高级专业人才培养的摇篮，是农业科技创新的前沿阵地，是农村终身教育体系建设的助力器"，所以，我们应该发挥地方高职院校对农村经济建设的积极作用。

（二）创新思路，开拓高职教育"为乡村振兴战略服务"新形式

虽然到现在为止，很多高职院校尝试了各种服务乡村振兴战略的模式，有暑期三下乡、派大学生村干部、送教上门等，但是这些模式大都是高校自发形成的，其主力是学生和部分青年教师，对农村的服务大都仅限于短期的帮扶，缺乏系统的服务方针和政策，而且服务时间多选在寒暑假，缺乏长期性。在服务乡村振兴战略中，由于政府尚未有对高职院校服务社会的考核指标，目前高职院校普遍存在服务社会机构不健全、缺编缺人缺钱、制度不完善等多种情况。要解决这些问题，可从以下几方面入手。

1. 调整高职院校布局结构

我国的高职教育集中在城市，以点带面向农村辐射。这种布局结构使得我

国高职教育集中了全国人力、物力和财力却只为城市发展培养输送人才，影响农村地区经济和社会发展，并形成区域性高职教育供需不均衡矛盾。对于城市来说，已有高职教育发展外延规模超过了包含的质量效益，毕业生供大于求；而广大农村地区的高职教育需求和高素质人才需求却无法满足。为此，已经存在的高职院校应适时适度地把分支机构、教学点和实践基地办到农村地区去。

2. 继续推进高等教育自学考试和成人高等教育通向农村

长期以来，农村的教育水平低，从农村考上高职院校的普通全日制学生又是出得来，回不去，因此，农村的科技人才和管理人才非常缺乏，农村劳动力的整体素质较差。随着现代科学技术和社会经济的发展，农业和农村迫切需要先进科学技术和现代管理的应用；随着乡村振兴战略的推进，农村对高职教育人才的需求量会越来越大。以高效、灵活、经济见长的高等教育自学考试制度，不仅费时少、见效快，而且投资少、效益高，对于急需培养短、平、快适应社会的应用型人才，经济、文化教育落后而人口众多的广大农村来说，是一种人才培养的好途径。潘懋元教授就曾指出，在各种形式的高等教育中，高等教育自学考试向农村延伸，具有许多有利条件；以开放、灵活为特征的成人高等教育，不仅门槛低，而且教学形式多样，授课时、地灵活，对于普遍文化水平不高，工作时间不定，住地分散的广大农民来说，是一种非常合适的继续教育形式。积极发展面向农村的成人高等教育和高等教育自学考试，为农村经济建设培养人才，必须要广泛宣传，找准自学考试和成人高等教育在农村经济发展中的切入点；同时，要强化政府行为，创造良好的环境和条件；在专业设置、课程设置和教材建设上，也要充分考虑农业、农村和农民的特点和需要，专业的设置要体现"适农性"，课程结构、课程内容设置上要以理论够用为度，强化职业技术课程，要以传授实用知识、实用技术为主，突出实践技能的培养。①

3. 引导高职院校创办农村社区学院

社区学院，顾名思义，就是立足社区，从社区实际出发的一种短期大学。它发轫于19世纪末的美国，是适应当时美国社区发展的需要而产生的，对美国的经济和社会发展起到了不可替代的作用，被誉为美国高等教育发展史上的一大创举。进入20世纪90年代以来，为使高等教育更加直接地为区域经济和社会发展服务，我国京、津、沪地区开始了建设有中国特色的社区学院的探索，

---

① 王勇辉，等.农村城镇化与城乡统筹的国际比较[M].北京：中国社会科学出版社，2011：271.

并出台了一些政策和文件。社区学院在我国大中城市已经逐渐发展起来，为当地社区经济社会建设做出了积极的贡献。高职教育在农村地区发展社区学院，不仅有利于实现教育公平，构建农村地区终身教育体系和学习型社会，更为突出的是它有利于开发农村本地人力资源，为农业和农村培育真正适应农村、适合农村、扎根农村的高层次人才。

（三）以服务乡村振兴战略为契机，重塑高职院校发展理念

1. 明确自我定位

准确把握高职教育服务乡村振兴战略的定位，是指导各项服务真正落实到位的前提。乡村振兴战略内容多、难度大、任务重、范围广，高职教育不可能包打天下，因此应根据乡村振兴战略的规律，结合自身的特点确定准确的定位。总体定位是高职教育是乡村振兴战略的设计师、工程师。在城乡统筹发展、工业反哺农业、建设社会主义和谐社会的今天，高职教育以培养各方面技术人才、办学灵活的优势，起到乡村振兴战略的设计师、工程师的作用。具体应该从对象、功能和方式三个方面定位。首先，从对象而言，高职教育服务乡村振兴战略应该重在基层农村干部、技术人员、富余劳动力以及农村职业学校。参与乡村振兴战略的部门和人员非常广泛，有政府决策部门，有企业，有学校，但核心还是农民本身。由于自身的特点和局限性，高职教育应主要着眼于村主任、农村技术骨干和富余劳动力转移的培训。其次，从功能而言，高职教育服务乡村振兴战略主要在于人才培养、技术服务和文化培育。高职教育要有针对性地为乡村振兴战略培养和输送合格的大学毕业生，这些学生可以是订单式的，也可以是委托培养的；更重要的是开发现有农民的人力资源，把农民培养成具有实用技术的人才，提高他们的整体素质。高职院校应该依据自身的专业特色和优势开展对口的技术服务，为农村建设提供从科技的引导到相关农业项目的支持，再到农产品的深加工、农产品的包装设计、农产品的销售等一条龙服务，实现农村农业发展从生产到销售的一条龙运作，适应农业产业化的发展需要。高职院校可以通过培训和文化下乡等方式，开展社会公德、职业道德、家庭美德教育以及法制教育，影响农民的思想观念和日常生活习惯，倡导健康、科学的生活方式，营造和谐、民主、文明的新型农村文化氛围。最后，从方式而言，高职教育服务乡村振兴战略主要是单向输入、横向联合以及双向联合。输入包括人才、师资、技术、文化以及设施设备的输入，高职院校应该充分挖掘自身的潜力，整合资源，主动服务乡村振兴，满足农村发展的需要。这种输入应该是公益性的,不以追求经济效益为目的,国家财政应该安排专门经费进行补贴和支持,高职院校也可以引入一些国内外企业予以资助。横向中介是指高职院校可以利用自身的社会资源特别是校企合作网络为农村介绍有价值的信息、可开发为产业的专利技术、转移就业的机会、资金和项目,以及合作的伙伴等,为加速农村建设牵线搭桥。同时,高职院校还可以与农村组织一起合作共同开发产品和产业,使农村成为学校产学研合作基地,这种双向联合互惠互利,既促进了农村建设,反过来又推动了学校的发展。

2. 树立服务理念

《中共中央国务院关于推进社会主义乡村振兴战略的若干意见》指出"把实现乡村振兴作为全党的共同意志、共同行动,做到认识统一、步调一致,在干部配备上优先考虑,在要素配置上优先满足,在资金投入上优先保障,在公共服务上优先安排,加快补齐农业农村短板"。贯彻落实中央的要求高职院校必须树立服务理念,从大局出发着眼社会效益,自主自觉地参与乡村振兴战略。职业教育是与生活、生计、社会发展密切联系在一起的,而且有"对群服务"的职责。①一方面,高职院校只有在为社会服务时才能得到社会的支持;另一方面,广东省大部分高职院校起步较晚,还处于探索阶段,国家和地方的资金投入仍然不足,在发展过程中需要社会和企业在资金、设备和先进技术等多方面的大力支持。高职院校只有为乡村振兴战略提供更加广泛的服务,才能得到多方面的支持。因此,高职教育要把发展的理念融入服务乡村振兴战略各项工作之中,把促进农村发展,提高农民生活质量和生活水平作为加快自身发展的突破口,通过服务乡村振兴战略这个平台,不断完善自身育人功能和服务设施。具体而言,高职院校树立为珠三角乡村振兴战略的服务理念,就是要明确服务乡村振兴战略的办学方向、办学模式、人才培养方案、专业设置、科学研究、就业教育,等等。

3. 调整办学方向

在今后相当长的一个时期内,推进珠三角农村地区农村城镇化和区域协调发展,将成为促进区域国民经济良性循环和社会协调发展的重大措施。当前,农村人口众多,但人才资源匮乏,如何把农村丰富的人口资源转化为雄厚的人才资源,是农村经济和社会发展的关键所在。解决这一问题的根本措施就是大

---

① 陈海燕. 以史为鉴 古为今用:读《黄炎培教育论著选》有感 [J]. 职教论坛,2007(3):59—64.

力发展农村教育，建立起面向农村的高等教育体系，而通向农村的高等教育应该是高职教育。对于高职院校而言，高等教育的资源配置决定着高校的核心竞争力，高职院校在中心城市与本科院校争夺生源显然处于相对劣势，而发挥多形式、多功能、多样化的办学优势，面向珠三角农村则不失为明智之举。因此，高职院校特别是地市创建的高职院校必须重新确立以为珠三角乡村振兴战略培养人才为主的办学方向，把推进珠三角农村地区经济社会发展作为工作重心。①

（四）围绕乡村振兴战略需求，推进高职院校自身改革

我国高职教育中存在与社会特别是与农村严重脱节的现象，高职教育没有结合当前乡村振兴战略的实际来设计高职教学的任务和内容，导致了高职教育不能很好地为乡村振兴战略服务。因此，面向农村进行高职教育改革是发展高职教育所必需的。

1. 优化专业设置，使专业学科更加贴近乡村振兴实际

社会的快速发展和农村的特殊性使高职院校专业调整成为必要。当前，大多数高职院校在专业设置和人才培养方向上主要考虑城市和企业就业，乡村振兴相关的专业相对较少，即使设置了一些涉农专业，也因内容陈旧、范围狭窄等多种因素限制而不符合乡村振兴的现实需要。高职院校应根据自身实际情况，结合珠三角农村产业结构调整及其对人才需求的多样性和广泛性，通过开展实地调研科学设置和整合专业，使高职院校专业设置更符合乡村振兴战略实际需要，更具有合理性和科学性。同时，教育行政部门对高职院校的专业设置应赋予更多的自主权，使其能够根据社会需要灵活、及时地设置和调整专业。②

2. 调整课程设置，使知识结构更好地适应乡村振兴的需要

高职院校所开设的专业在课程设置上，未开设人才培养课程，没有针对农村人才培养的实践环节，有关乡村振兴战略所需求的内容没有进入专业课程设置范围，所开设的基础理论课程原理和方法较多，结合实际的案例较少，学生很难获得感性认识，技术课教学与评价重技术、重学生自身素质、重动手能力，缺乏指导和服务他人的方法。高职院校绝大部分专业所开设的项目在农村无法开展，而农村所急需的一些乡土气息较浓的项目却不适宜当前高职院校教学的

---

① 刘云博，白华. 新型城镇化进程中农村教育的问题与对策[J]. 长安大学学报（社会科学版），2015，17（3）：109-113.

② 蔡永鸿，薄识宇. 新型城镇化下的农村职业教育的展望[J]. 中国市场，2016（4）：203-204.

要求。其实农村传统的一些技术和文化内容，形式多样，农民也喜闻乐见，不仅适合在农村开展，而且易于普及，但在高职院校专业教学内容中却没有一席之地，造成专业学生毕业后如果去从事乡村振兴工作，就会面临"所需的没有，所学的没用"的尴尬局面，出现学难以致用，学用脱节的现象。目前，部分适合在农村开展的一些技术和文化方面的项目虽然暂时不适合进入高职教育的主修课程，但是可以考虑放入选修课程当中。遗憾的是在选修课程部分，高职院校的教学依然没有设置相关的教学内容。另外，高职院校的课程结构特点是基础理论浅、公共必修课限定死、专业必修课窄、选修课不足、限选课多、任选课少，造成知识面狭窄单一，不利于学生的全面发展。

3. 加强实践环节教学，使学生具备为乡村振兴服务的实践能力

实践教学环节与乡村振兴战略脱节主要表现为在内容选择、实践环节、方法运用和教学评价上只停留在表面和形式上，没有与乡村振兴战略的需要接轨。课程教学与乡村振兴战略缺乏必要的联系，没有充分考虑乡村振兴战略对高职人才的需求。在整个教学实践中，只看重近期效益，没有从服务乡村振兴战略的高度来组织教学的实施，使部分大学生农村意识未能强化。主要课程和实践活动都是围绕着学生毕业后走向专业技术岗位展开的，涉及农村社会和经济建设的知识少，没有注重培养学生以后到农村工作的能力，学生参与的乡村振兴实践活动较少。教授方法重视语言法、示范法、完整法与分解法、指导法和自我练习法相结合。在沿用这些传统教学方法的同时，没有根据时代的变化与社会的实际需要进行应有的创新，教学过程中不仅要让学生掌握必要的知识和技能，掌握如何把这些知识和技能运用到专业的技术岗位上，还应该让学生掌握非常规的工作方法与手段，以培养从事乡村振兴指导工作的能力。教学评价主要采取理论知识的考试和技术实操评定，对学生运用所学知识进行社会指导和组织方面的能力测试远远不够。学校未开设农村建设有关实践课程，部分高职院校校外实践基地几乎全不涉及农村，学生了解乡村振兴战略的信息少，特别是对乡村振兴所需的工作方法缺乏最基本的了解，更谈不上具备为乡村振兴服务的能力。学生的教学实习几乎都集中在大型企业、管理部门和其他一些比较正规的单位进行，根本没有考虑进入农村开展教学实习。这就导致高职教育培养出来的学生既缺乏为乡村振兴服务的专业技能，也缺乏服务乡村振兴的专业思想与意识。①

---

① 袁帅，叶明月，杨春燕，等.新生代农民工就业取向及其影响因素分析：以江苏省扬州市为例[J].农村经济与科技，2012，23（6）：41-44.

4. 改革人才培养模式，使人才培养和教育方式更加贴近农村现实

人才培养的目标是指把受教育者培养成为适应一定社会需要的人的基本要求，它规定了所要培养的人的基本规格、质量标准。培养目标是动态的，时代在变化，社会在发展，历史在前进，培养目标也要相应地更新。现在的高职院校几乎无一例外地在"订单式"人才培养的模式下运作。一方面，"订单式"人才培养对学生就业和工作的适应方面均有正面的作用，但是在单一学科领域中培养专门人才，在培养目标上重单一专业性，在培养规格上重学科专业知识，就导致教学内容框架形成了一般文化教育和基础理论薄弱、知识面和专业面十分狭窄的专才教育体系。① 培养出的人除了少数由于逆境的磨炼和自觉修养成为佼佼者之外，多数人不同程度地存在着知识、经验、创造力、开发力的残缺。另一方面，"订单"下培养的人才一般指向制造业、服务业和其他新兴产业，大多数人毕业以后能基本胜任各自行业的特定工作，但却不能适应农村基层工作，因为他们在学校没有接受有关乡村振兴战略工作的专业学习，而自己又不具备创造能力与开发能力，不能很好地将所学的专业技能和文化知识转化为服务乡村振兴的实际工作能力。在高等教育大众化的社会里，高职教育对社会，特别是农村的影响越来越大，高职教育对乡村振兴战略的影响也越来越大，反过来农村对高职教育的期望值就越大，对受过高职技术教育的人才的要求也就越高。农民不仅仅是要求或者希望他们的孩子或自己受过高职教育，还要求他们能够运用所掌握的文化知识和技术从事乡村振兴相关工作；不仅要求他们有文化、懂技术，还要求他们能够运用自身所拥有的文化技术改善农村的文化环境、经济环境和政治环境。根据《中共中央 国务院关于深化教育改革全面推进素质教育的决定》精神，高职教育主要培养能够拥护党的基本路线，适应生产、服务、管理第一线需要的德智体美诸方面全面发展的高等技术应用型人才。学生应在具有必备的基础理论和专门知识的基础上，重点掌握从事本专业领域某个岗位或岗位群实际工作的基本能力和基本技能，并养成良好的职业道德，毕业后在工作中承担将设计、规划、决策等转化为物质形态即产品的任务。从中可以看出我国高职教育实施的是专业教育，专业面较窄，而且有点过于功利化和职业化，使培养出来的人才很难适应乡村振兴的需要。目前高职院校的大部分专业都要求学生系统地掌握专业理论、知识和基本技能，特别注重动手能力，

---

① 庄西真. 职业教育供给侧结构性困境的时代表征 [J]. 教育发展研究，2016，36（9）：71-78.

具有较强的实践能力，有专长，适应生产、服务、管理第一线需要。但是高职教育并没有把培养乡村振兴战略所需要的人才作为自己的教育目标，没有把农村作为自身所应该面对的对象，这与教育部所提出的高等学校必须为乡村振兴战略服务的要求是不相符的。① 很明显，我们现今的高职教育在确立自己的专业教育目标的时候没有考虑乡村振兴战略，高职教育还很少有面向农村的专业，高职教育从根本上忽视了乡村振兴战略，在专业方向上还没有树立为乡村振兴发展服务的目标与意识。由于各高职院校培养人才的重点和方向、涉及的行业及所处的地区和环境各不相同，各地乡村振兴对人才的需求也不尽相同。高职院校应在改革专业设置的基础上，结合乡村振兴的特点，认真探索人才培养的过程与模式，探索构建高职教育人才培养与"三农"密切结合的长效机制，探索有利于人才培养的产学研有机结合之路，建立适合自身和社会共同发展的"双赢""互动"运行机制。高职院校要研究在乡镇设立的企业、农业产业发展及它们对各类专业人才的需求情况，确立面向农村乡镇企事业及农业生产的人才培养模式，根据农村乡镇企业规模、经济类型和技术水平层次，合理确定人才培养规格，并据此确定教学内容和课程体系。在教学方法上，可采用仿真模拟法、案例引入法、现场教学法等，实现"知"与"行"的零距离接触、"教"与"学"的零距离互动。②

5. 加强创业就业教育，使高职学生能够更好地适应乡村振兴的需要

中国创业就业教育起步较晚，因此应有针对性地促进教师发现问题、分析问题，并对教师有效地解决问题提供支持和帮助。每一次的评估结果都是下一次评估的起点，有利于根据实际情况及时调整教师发展目标，促进可持续发展，引导教师逐步实现自我价值和个人职业发展。③

6. 培养"双师型"教师，提高高职教师服务乡村振兴的能力

高职教育中的"双师型"教师是指既能讲授职业理论课，又能讲授职业技能课的教师。其标准是具有大学本科以上学历与中级以上专业技术职务、从事

---

① 李政. 职业教育供给侧结构性改革的现实之需[J]. 教育发展研究，2016，36（9）：65-70.

② 唐智彬，石伟平. 比较视野中的农村职业教育策略选择[J]. 中国职业技术教育，2010(27)：53-57.

③ 唐献玲. 农业产业转型升级中新型职业农民培育的思考[J]. 农业经济，2016（1）：54-56.

专业理论工作二年以上并同时具有高级工及以上职业资格且有在生产、建设、服务第一线从事过二年以上专业技能实践的经历与经验。高职教育中的"双师型"教师的条件，被形象地称之为"双证"（教师资格证与职业技能证）、"双能"（双素质，即既具有做教师的职业素质与能力，又具有技师的职业素质与能力）。具体而言，要从如下方面来加强高职院校"双师型"师资队伍建设：第一种方式是，从企业招聘一批有实践经验、实用技能强的高技能人才作为学校专任教师。第二种方式是，将缺乏实践经验的年轻教师分期分批送到企业去锻炼与实习，在企业生产实践中增长技能，其重点应放在熟悉工艺技术、故障诊断与排除等。同时要求他们利用下企业的机会了解企业组织方式、工艺流程、新技术、新技能、新产品以及产业发展等，熟悉不同企业相关职责、操作标准、用人标准、管理制度等具体内容，采集适合毕业设计的"真刀真枪"的课题，结合企业生产与用人标准，不断改革教学内容与课程体系。第三种方式是，在企业聘请一批技术人员或高技能人员做学校兼职教师或实习指导教师。第四种方式是，淡化基础课与专业课教师的界限，逐步实现"一专多能"。为此，一方面组织教师下到企业锻炼，提高其应用技术能力，另一方面组织教师参加职业资格培训与职业等级资格考试并获得职业资格证书。第五种方式是，组织广大教师开展教学科研，承担高职教育以能力为本位的专业结构、课程结构、培养方式、教学方法以及产学一体教学模式等的研究。①

7. 推进科研创新，使科研成果更有效地为乡村振兴战略服务

乡村振兴需要各行各业人士的积极参与和各种技术的应用，更需要高等教育提供广泛的智力支持。高职院校要以科技服务和人才培养为纽带，整合学校资源，集成学科优势，注重科技引领，建立多种形式的校企合作、校地合作模式，共同推进乡村振兴战略。要通过科研成果转化、技术推广服务、农民科技培训等方式突出科技在乡村振兴战略中的支撑作用；要推动农业生产方式和农民生活方式的转变，培育农村特色主导产业；要加强乡村振兴战略的理论和实践问题研究，组织学校的骨干教师和科研人员开展技术攻关活动，为乡村振兴战略提供强有力的科技支撑和人才保障。②

---

① 张桃林.培育新型职业农民将伴随农业现代化发展全过程[J].农民科技培训，2012（5）：4-7.

② 盛子强.新型职业农民培养的现实需求与发展思路[J].中国职业技术教育，2014（20）：81-85.

三、创新服务合作模式

为了高职教育能够更好地服务于珠三角乡村振兴战略，需要鼓励社会各方参与，创新服务乡村振兴战略的运作模式，构建政府、高职院校、农村三方合作平台。政府要为高职院校服务乡村振兴战略提供政策、资金、项目支持；高职院校要为地方政府推动乡村振兴战略提供智力、科技和人才支撑；当地农村要成为高职院校科研、实训和人才接纳基地。高职院校要注重对学生进行服务乡村振兴理想和信念教育，正确定位人才培养方向，引导学生树立服务"三农"的理想、培养爱农惜农的思想觉悟、磨砺吃苦耐劳的精神意志。具体途径包括组织学生开展中国和世界农业史学习，为学生架设与农村、农民沟通的桥梁，等等。高职教育服务乡村振兴战略的运作模式比较多，高职院校可以视其需要，选择合适的模式和具体途径。①

（一）高职院校—乡村振兴合作模式

高职院校可选择不同生态环境和不同发展特点的农村，深入农村主持生产示范基地建设，与农村联合共建实验示范区，通过建立村校合作大平台，下派首席专家，科研与教学一身担，引进新产品、新技术，加快高职教育成果转化，高职院校的科研在农村的推广能解决农村难题和技术到位的问题，扩大高职院校服务农村建设的范畴。高职院校可以成立农业推广委员会、农业技术推广中心，以高职技术为核心，联合学院科研机构、推广机构、培训机构、生产力促进中心、农业科技示范园区，以及专业协会、农民合作组织、农业龙头企业等，成立专门的推广团队和首席专家小组，以学校科研为依托，以发展现代高效生态农业产业为导向，紧密结合学校科技创新资源与地方创业资源，示范基地建设与特色产业发展。团队有组织地从点到面辐射，采取"专家+基地+农户""专家+基地+农业龙头企业""专家+核心基地+示范基地+农业龙头企业"等多种形式，实现转移扩散国内外农业技术成果、孵化农业科技型企业、传播先进知识文化、培训现代新型农民等多种功能；还应该以当地高职院校、农科院和农技推广体系的部分科技人员为骨干力量，吸纳相关人员组成流动人员队伍，以县（区）（乡）（镇）和农业龙头企业等管理与科技人员为基本力量，从而形成推广农业科研成果的人才体系，以大学人才与科技优势为依托，与"三农"

---

① 任聪敏，石伟平.城镇化进程中农村职业教育的新型定位与发展策略 [J].教育发展研究，2013，33（23）：53-57.

特色优势相结合，实现产学研一体的农业科技创新推广的新路子，加快现代农业产业建设。①

（二）定向培养模式

针对现有高科技农民储备不足、潜在农村劳动力数量逐减减少、转移劳动力外出务工技能单一等现象，我国的乡村振兴应从后备力量储备考虑出发，要将农村的初高中毕业生中的一部分作为转移就业的主要对象，建立相应的信息资源库，实行动态管理，采取委培的方式送往当地或就近的高职院校学习或培训，实现就业。村委会可派专人调查、掌握相关农业技术人才紧缺状况，并与当地或就近高职院校联系洽谈，筛选确定委培教育基地，并签订委培教育合同，农村为学生垫付部分或全部学费，学校进行针对性技能教育，毕业后定向安排到农村工作。村委会利用国家的扶贫帮困政策，免费选送部分贫困人家的初高中生来高职院校学习农业生产技术，进行2～3年的大中专定向专业培养，合格毕业后按合同到农村就业。高职院校也可帮助委培的学生垫付部分学费，学生坚持以半工半读的形式在校学习2～3年，获得学历和技术等级证书，并通过实习偿还学费，毕业后服务农村。高职院校积极参与国家、政府等实施的"绿色证书工程""新型农民科技培训工程""农业科技入户示范工程""星火科技培训专项行动"等科技培训示范项目，建立和完善农民教育培训网络，建设高标准教育培训基地，充分发挥现代远程教育和农民夜校作用，对农村委托培养的初高中毕业生单独设班，实施现代农业实用技术培训，加强农民政策法制教育，加强农民思想道德教育。农村定期选派优秀的村主任、村主任助理等管理人员来高职院校接受农业生产知识、农村管理知识、农村发展政策、农民心理咨询，以及农产品深加工、农产品销售等一系列与乡村振兴密切相关的知识培训。

（三）基地示范模式

示范基地的建立是高职院校的科研成果在农村转化并顺利推广的先决条件，农村可向高职院校表达合作意向，高职院校也可主动寻求农村进行科研合作、产业开发，签订建立示范基地合同，明确双方的责、权、利，就地建立示范基地。如果条件有限制，可择其优势地区，选定特色产业，共同实践研究，

---

① 周栋良. 职业教育"厂校一体"校企合作模式的实践探索：以湖南湘菜学院为例[J]. 无锡商业职业技术学院学报, 2015, 15（6）: 66-69.

搞好典型示范，积极推广应用。择其优势地区即选择交通相对发达、通讯联系便利、土壤比较肥沃、民风淳朴的地区作为建立示范基地的据点，保证充足的劳动力、肥沃的生产基地、及时获得信息、方便产品运输；选定特色产业即因地制宜，根据不同的地理优势以及不同的气候带，选择最适合当地气候条件、与原有主要产业有一定联系的特色种植业和养殖业；共同实践研究即高职院校提供优秀师资、教授专家、实验设备、信息经验等，农村提供实验基地、农作人员、食宿等，共同完成科研课题，坚持以科技为先导，以发展循环经济理念为指导，将传统农业与现代科学技术及发展二、三产业有机结合起来，取得生态、经济和社会效益；搞好典型示范即高职院校参与示范基地产品的收获、出售、深加工等一系列的加工和销售环节，示范带头；积极推广应用即组织农民观摩学习、规范产业生产、宣传品牌特色、接受参观培训、完善基地功能、扩大生产辐射的经济和社会可持续发展，把特色产业做大做强，树立品牌效应，带动农民致富。①

（四）智力支援模式

智力支援模式就是高职院校的科研骨干人员在短期内向农村提供有偿或无偿的智力援助。高职教育的优势资源即进行智力支援的高职院校的科研骨干人员在一定的时期内采取多种形式给乡村振兴提供技术、信息、管理、销售等各方面的知识和技能，合理整合资源。智力支援模式可采取多种形式。借调，指高职院校的科研骨干人员在一定时期内本地或异地借调，全职参与农村管理、技术指导工作等，借调期在农村工作，期满后回原单位，待遇从优；聘用，即对农村所需人才岗位实施招聘，聘用专家、学者等，村委会先向高职院校说明招聘条件和聘用待遇，后由学院提交名单，最后共同商议、审查、考核、确定，村委会发聘书，表现优异者可续约；技术承包，即高职院校中拥有先进农业生产技术、发明专利等条件的科研骨干人员，与村委会商定承包某项目，从利润中按一定比例抽取报酬，完成后可续包或另外承包项目，或转到其他地区承包此类技术项目；技术培训，即高职院校的科研骨干人员帮助农村培训其急需的技术人才，可采用短期讲学、举办培训班、带徒弟等方式；兼职，即高职院校中的科研骨干人员在能够保质保量完成本单位工作以后，尚有剩余精力、剩余

---

① 高原，陈海涛，闫秀清. 论发达国家农业职业教育体系 [J]. 河北科技师范学院学报（社会科学版），2005（4）：57-59，70.

时间或业余时间到农村兼任一定职务，适合于同一地区或城市进行，或利用寒暑假异地农村兼职；技术咨询，即重大技术难题交给高职院校的专家、学者等，让他们提供书面解决方案，也可去农村实地解决；信息服务，即高职院校为乡村振兴提供有关技术、生产、深加工、销售等方面的信息，帮助农村了解市场行情和社会需要，调节生产和更新产品。①

四、重视技能人才引进

高职教育服务于珠三角乡村振兴战略的一个重要方面就是要创造条件，促进高职院校毕业生走向农村，推动农村重视创新性人才的引进。近年来，随着我国高等教育的迅速发展，高校毕业生就业形势日益严峻，同时，我国广大农村地区却严重缺乏高素质人才。应该引导和鼓励具有农村背景，接受过高职教育的毕业生到农村就业创业，这对推进大学生多元化就业、破解"三农"问题、构建和谐社会有着深远意义和重大作用。②推进高职院校毕业生走向农村，要注意做好以下工作。

（一）加强高职院校毕业生就业指导工作

要引导广大学生认清形势，端正就业观念，确定合理的就业期望值；可以组织学生到农村去了解"三农"，介绍农村发展的广阔前景，增强他们的社会责任感，引导他们积极到农村建功立业；要培养学生的市场竞争意识和自主创业精神，向学生介绍在农村创业的先进典型和成功经验，使他们不仅能找到就业机会，而且能够创造就业机会。

（二）出台优惠政策、配套措施，并提供资金支持

政策措施应着重于减小就业的城乡待遇差别，为投身乡村振兴的毕业生提供完善的社会保障体系；要提供一定的安家费和创业风险投资资金，在税收、贷款、行政事业性收费方面实行优惠；提供甚至包括土地在内的一定自然资源的优惠使用权；提供公务员录用、学习深造的优惠待遇。③

---

① 苏华.发展现代农业职业教育 推动建设"人的新农村"[N].人民日报，2015-03-18（20）.
② 林克松，石伟平.改革语境下的职业教育研究：近年中国职业教育研究前沿与热点问题分析[J].教育研究，2015，36（5）：89-97.
③ 张胜军，马建富.城镇化进程中的农村职业教育三问[J].教育发展研究，2016，36（11）：61-65.

（三）形成高职院校学生参与乡村振兴的良好舆论氛围

全社会要为高职毕业生参与乡村振兴提供良好的舆论环境。农村应"筑巢引凤"，重视、关心、重用下乡优秀高职毕业生，要在待遇、生活条件、深造条件等方面给予重视，给予他们施展才华的机会和平台；同时，要帮助他们克服理论脱离实际的不足，改变对农村生活不熟悉的状况，关心其成长和发展，做到互学互助，和谐相处，力争让他们下得来、留得住，发展得好，成长得快。

（四）在人才培养模式上进行改革创新

目前我国的高职教育主要是面对工业化和信息化的需要发展起来的，人才培养还未突破陈规。高职教育的专业申报灵活，人才培养模式可以多样，因此，高职教育要在适应城市需要的同时适应农村需要，对人才培养方案和专业设置进行适当的调整，以适应乡村振兴战略的需要。①

五、培育新型职业农民

为了更好地服务于珠三角乡村振兴战略，高职教育可以开展社区职业教育，提升当地居民参与乡村振兴的职业技能水平，培育新型职业农民。国家不断出台政策推动高职教育应用于新型职业农民培育。2003年发布的《国务院办公厅关于做好农民进城务工就业管理和服务工作的通知》，对农民工职业教育（培训）工作做出了明确的指示，提出"各地区、各有关部门应把农民工的培训工作作为一项重要任务来抓，结合实际，制定专门的培训计划，提高农民工素质"。随后，国家不断完善对农民工以及职业农民作为受教育对象的规范与指导。例如，2008年教育部办公厅公布了《关于中等职业学校面向返乡农民工开展职业教育培训工作的紧急通知》，其中明确提出职业教育培训的发展要积极吸收返乡农民工为培训的对象。2010年《国家中长期教育改革和发展规划纲要（2010—2020年）》提出要加强对于农村富余劳动力以及进城务工人员的转移培训，并推动针对农村新成长劳动力的免费培训制度的不断建立、完善。这是一件长期而又艰巨的任务，不可能短期内达成，因此需要通过多种手段来解决培训机制存在的问题，弥补其中的缺陷和不足，方法包括加强舆论宣传、构建科学合理的培养模式、培育优质的师资队伍和建立新型职业农民培育体系等。

---

① 陈杨，李延平.以农民为本的农村职业教育探讨：基于职业教育本质属性的视角[J].职业教育研究，2015（10）：5-8.

（一）加大新型职业农民培育的宣传力度

新型职业农民培育体系存在宣传力度低导致农民对利用高职教育资源进行新型职业农民培育不够了解的现状；宣传的不足和不科学导致了农民培育积极性无法被激起，培育现状堪忧。为了推动珠三角新型职业农民培育有序发展，必须重视舆论的作用，加大宣传规模，提高农民参加培训的积极性，具体有加强宣传合作力度、提高宣传的针对性和充分利用典型事件三种措施。

1. 加强宣传合作力度

在培育新型职业农民的工作中，宣传是一重大工作。政府、高职院校、培训机构和新闻媒体要明确自己的职责和作用，形成由政府到社会都重视新型职业农民培育的氛围。政府部门可以集合基层村干部进行新型农民培育的宣传工作，将新型职业农民培育的概念、信息传播至大众，让农民充分了解新型职业农民的概念、内涵和基本信息。之后培训机构、高职院校要充分做好后续工作，跟踪调查农民对于知识的掌握程度、应用情况，并且善于寻找通过培训而提升自身的职业技能、擅长应用新科技而发家致富的农民，做好总结整理，从而抓紧时机宣传此种事迹以带动其他农民，这样做不仅可以宣传培训机构、高职院校，还能够为职业农民培训提供良好的素材，从整体上提升人们对于培训的积极性。新闻媒体需要充分发挥自己的影响力，朝好的方向进行舆论导向，统一宣传政府的政策、资金投入、结构资源，以及通过培训农民获得的成就及对于农业的效用，从而使得人们能够重新认知农民培育工作，加强广大农民对于培训的信心与决心，促使由刚开始的半信半疑转为之后的主动要求学习新知识、新技能，提高培训接受度。

2. 提高宣传的针对性

宣传需要有策略，有针对性，以提高扩展度和信服度。第一，宣传需要加强概念化，营造出舆论的氛围。政府需要利用各种平台加大宣传力度，包括报刊、网络等手段，而最能令人们信服的是农民之间的口口相传，如果新型职业农民的培训效果显著，他们自身接受培训有益，就会自主传播消息，使得其他农民正确认识新型职业农民以及培训的功能，为培育新型职业农民营造一个良好的环境，能够消除农民的心理负担。第二，除却概念化宣传，要加强对于政府扶持政策的宣传，政策的支持是农民参加培训的后盾支持。现今大多数农民对于培训的顾虑主要是费用问题，多数农民参与的培训都是免费向大众开放的，如果培训费用由农民自身承担，他们的培训意愿就会大大削弱。目前，珠三角的培育工作是采取差别化补助方式，自主补助农民费用之后，他们基本上不用承担费用。但是当地农民的消息相对滞后，所以就要政府和农业相关部门借助主流媒体宣传政府的扶持政策，包括新闻网、农业信息网和其他新闻报纸，并且在当地进行宣传，从而让大众了解到培育工作的政策与扶持态度，让农民减少对于费用的担心，提高农民的培训积极性，从而自动接受培训，提升自己。第三，加大对于职业教育地位与作用的宣传。强化"职业教育产业观"和"职业教育生产力观"，潜移默化地将职业教育在社会、经济发展中的重要地位根植于人们心中，从源头上铲除对职业教育的偏见。加强宣传职业学校免学费政策、创业优惠政策、对口就业政策等，加强对于利用高职院校师资对农民培训的宣传。

3. 充分利用典型事件

宣传新型职业农民培育要加大对于成功事例的宣传，重视典型事件，利用典型的效用带动农民参与培育的积极性。珠三角可以利用农业学校进行典型素材方面的宣传，利用榜样来影响大众。高职院校网站可以设立新型职业农民培训优秀学员专栏，介绍优秀学员，介绍他们如何接受培育，以及获得的经验与收获，主要宣传农民通过培训发家致富的事迹。每年培训机构可以召集优秀学员对参加培训的学员讲述自己的经验，有条件的话举行讲座，以真实事例打动大众，让农民切实感受到新型职业农民培育的优势和效用，扩大影响力。珠三角政府部门以及各培训机构、高职院校应及时发现培育中涌现的推广农业科技、带动群众致富的典型素材，并对其进行甄别和筛选，优中选优，集中进行宣传，发挥"榜样"的带动效用，增强宣传效果，以提升农民对新型职业农民培育的认同感。

（二）拓展新型职业农民培育模式

珠三角新型职业农民培育项目采用的模式单一，并没有充分发挥合作社、家庭农场、企业、高职院校的效用，因而在当今时代，利用高职教育培养新型职业农民要提高培育效率，必须加快挖掘有效的培育模式，推进培训开展。2014年印发的《中等职业学校新型职业农民培养方案试行》对新型职业农民的招生对象在学历、年龄、从业范围等方面进行了明确的规定，指出年龄一般在50岁以下，具备初中以上学历（或具有同等学力）的农村新成长劳动力，以及主要从事与农业生产、经营、服务等方面的务农农民，都可以成为新型职业农民的培养对象。现有的培育模式包括农民专业合作社培育模式、农业企业培育模式、家庭农场培育模式和"互联网+教育"培育模式，总结分析上述培育模式，建立起科学合理的高职教育服务农民培育模式应从以下方面入手。

1. 适应市场需求，合理设置培训内容

随着乡村振兴战略的推进，农业发展人才需求剧增。一是培养现代农业发展人才。珠三角农业资源相对丰富，产出的农作物种类也很丰富，现今农业要向现代化和产业化转型，将粗放型农业转为精细化高效的类型。因而，新型职业农民要按照"有文化、懂技术、会经营"的标准来培训。珠三角当地高职院校要以当地自然资源和农业特色为依托，钻研农业现代技术，将高科技应用于农业产业中；也应注重农产品的加工、经营和农业管理、设备的使用，最终培育出一专多能的农民人才，课程也要与农民的培训标准相关。二是培养农村管理人才。乡村振兴战略必然要注重农村管理，最终达到民主管理。新型职业农民的培育不仅仅要政府扶持、高职院校提供平台，还需要农村各级管理人员积极配合，村委会、村小组、村务监督委员会都需要有文化、会管理、善监督的人，因此职业教育可以开设村干部班，教授相关的管理知识、财务知识、监督知识等，培养擅长管理的农村人才。三是确保培训教材的适用性和时代性。珠三角高职院校大多运用的是外购教材，全国通用，但是由于地域差异，一些教材并不适用于珠三角本地农业现状，因而适用性不高，也没有相应的指导意义。为了能够适应市场需求、符合当地的职业教育要求，高职院校需要加大资金和人员投入，与政府部门、企业和地方组织，成立教材研发小组，结合当地经济、社会发展的趋势，开展教材研发工程，从而保证教材的适用性。另外，要一改一本教材用两代人的陈旧模式，随时关注相关领域的新研究和新成果，并将其编入教材中，时刻保证教材的时代性和新颖性。四是注重培训内容的综合性和体系性。由于社会和经济的发展受诸多因素影响，因此要求职业人也具有综合性、复合性。职业教育的教学内容要注重理论与实践相结合；注重职业能力与职业道德相结合；注重"产、学、研"相结合，这样才能紧随时代的步伐，立足长远发展。专业与课程的设置不是一劳永逸的，必须随时关注市场，进行动态管理。珠三角高职院校可以成立课程评价小组，成员可以由校本研发小组成员兼任。课程评价小组要随时关注专业动向，注意收集和分析学生、家长、其他教学工作者和社会相关人士的评价意见，定期开展课程评价，并对课程内容、专业设置进行调整和改进。

2. 改变办学模式，提高职业教育质量

办学模式是指"在一定历史条件下，以一定的办学思想为指导，在办学实践中逐步形成的规范化的结构形态和运行机制"。办学模式涉及办学的目标、主体和模式等方面，在经济飞速发展的今天，要想利用高职教育发展乡村振兴，就必须挣脱传统职业教育的束缚，充分利用新的模式发展农村经济、促进地区经济发展。第一，办学上，高职院校要建立市场导向、服务当地、促进就业的机制，充分了解农业市场对于新型职业农民的要求，根据具体目标开展培训，这是基础。然后将服务当地作为开展培训的策略，将促进农业发展、推进乡村振兴战略作为最终目标。现阶段高职院校在新型农民培育方面相对比较薄弱，与其他开展早、发展快的地域相比有一定差距，因而要在坚守目标的情况下，严格管理教师和教学，从而提高农民的培育质量，规避风险，发挥高职教育优势，将农民培育与高职教育充分结合起来。第二，高职院校要充分考虑当地实际情况与地方特色，在办学主体上面，要打破自主办学这种单一的形式，可以通过股份转让的形式引入社会组织参与，让企业、行业和其他社会机构参加办学。如此，一方面加入社会组织可以解决高职教育经费短缺的问题，另一方面也可以通过社会力量为高职教育注入新鲜血液，为高职教育加入社会元素和地方特色，使得新型职业农民培训更好地符合当地需求。第三，办学模式要改变传统的做法，扩大招生规模、扩展招生对象范围，合理设置内容，并且能够在乡村振兴战略的大环境下寻找科学合理的农民培养模式。基于农村建设对于人才的要求，不能拘泥于学历教育和专业知识的灌输，应该关注农业技能的培训和劳动力转移的培训。学校除却正常招生之外，还要扩大招生规模，考虑农业生产春耕秋收的特点，可以选择农忙过后上门拜访招生，扩大高职教学宣传。要注重教学内容的广阔度和兼容性，结合理论和实践，"产、学、研"相结合等。针对以农民为对象的技能培训，其教学内容应该在对当地农村现状和农民需求充分调研后再进行设定，从而确保农民参与培训的积极性。在培养方式上，针对在校学生的学历教育，可以在保留原本模式的前提下，探索并试行订单培养模式和半工半读培养模式。订单培养模式即新生入学的时候就与企业签订合同，学生前两年以学生的身份在学校学习，第三年就以企业员工的身份到企业里进行顶岗实习。这种模式为解决职校毕业生就业难的问题提供了方案，在一定程度上提高了职校毕业生的就业率。半工半读模式即学生在学习的过程中，不定时地到企业进行一个月至几个月的工作实践。这种模式不但加大了实践教学所占的比重，还保证了实践教学与实际工作岗位不脱节，使人才的培养取得真正实效。针对农民的职业技能培训和劳动力转移培训，主要采取短期培训，配合讲座、技术指导、函授等方式进行。另外，从长远的发展来看，对农民的职业教育不能局限于短期的培训，职业学校还可以效仿MPA、MBA等专业硕士的教学形式，探索建立动态学分制，从而加强农民的学校教育，弥补其学历上的不足。例如，建立为期两年、可延长至三年的动态学制，每年两学期，每学期四个月，每个月上八个课时，只要累计修满要求的学分即可获得相应的专业学历和学位证书。

3. 充分利用当地资源，鼓励社会参与

高职教育服务新型职业农民培育不能仅仅依靠政府和高职院校自身的建设，还要营造良好的社会环境，从而保证职业教育健康、持续发展。珠三角社会各界应该响应政府号召，积极参与到高职教育中来，从而共同推动新型职业农民培育工作的进行，朝着更高的目标迈进。

（1）各类企业的参与。目前国内与农业相关的企业已经成为现代农业发展的重要力量。珠三角农民培育可以探索利用企业发展职业农民教育的道路。在目前的农业企业发展中，企业与农户之间主要是一种经济利益关系，而这一关系以农产品为载体，即企业与农户签订相应数量的合同和订单，农户则根据订单为农业企业提供保质保量的农产品。企业为保证农产品的质量，有必要向农户提供技术培训，促使农户能时刻按照企业的技术标准进行农产品的生产。利用企业进行农民的技术培训能够提升内部劳动人员的职业素质，是双赢之路。根据企业参与的不同程度分类，共有三种参与形式：第一，企业赞助。企业可以根据不同情况对职业院校或者科研项目进行资助，可以是一次性的，也可以是长期的，资金支持或者物资支持都可以。比如，企业可以设立专项奖学金、助学金或者专项教育资金，或者教学设备、物资等。第二，企业与高职院校联合。企业可以和高职院校联合培养，同类型的企业可以参与学校的招生、培养目标和培养计划的制订，以及对于学生的考核评价；企业也可以提供相应的技术人员参与教学，同时可以直接提供一些公司场地给人员进行试验或者作为实训基地。第三，企业独揽。企业也可以自主开办职业院校或者新型职业农民培训机构，东莞新阳职业培训学校就是企业自主办学的典范。在韩国，政府对企业内部的职业培训机构做出严格要求：企业规模相对大的、资金雄厚的可以设立独立的职业培训机构，对职员进行培训；而企业规模小的可以不设立内部培训部门，但是可以征收企业税金用于培训员工。珠三角当地的企业可以根据自身情况进行员工培训。

（2）行业协会、合作社的加入。在珠三角地域的高职教育中，行业协会也会参与，履行自己的监督管理职责，主要包括以下内容：审查培训企业是否符合要求，是否有资格，包括审查企业师资、培训地点、培训内容以及培训合同。企业要建立相对完善且实用的培训体系、制定公平科学的奖惩制度，对评估合格的企业可以在一定程度上减免税收,而相对地,不合格的企业要暂时取消培训资格,若是情节严重则要永远禁止。企业要举行结业考核,统一检验参与培训的人员,合格者可以获得行业协会颁发的资格证书。农业合作社的加入在农民培育中也具有一定优势,可以提高农民的专业化、市场化,可以集中对从事统一专业环节的职业农民进行培训。合作社成员就是农民,他们更了解农民的需求,因而有了合作社的加入,就会导向更明确、针对性更强。

（3）利用家庭农场促进新型职业农民培育。家庭农场是从事农业规模化、集约化、商品化经营生产,并以农业收入为家庭主要收入来源的新型农业经营主体。一方面,新型职业农民培育的培养对象就是家庭农场主,两者的目的都是提升农业技能,最终提高农业收入；另一方面,新型职业农民培育的过程就是不断加强家庭农场建设,实现农业生产集约化、规模化经营的过程,而家庭农场建设又可以有效地解决新型职业农民"怎样种地""如何种好地"的问题。当前珠三角的新型职业农民培育可以依托家庭农场,推进家庭农场的扶持力度,发挥家庭农场在农民培育中的作用。家庭农场本身就是为了提高效益而建立的,因而会更加注重产品质量。家庭农场主必须积极培训农场成员,只有掌握了高新技术,才能够造福当地农业,同时服务当地农民。家庭农场主应该积极申报建立培训基地、实践基地,积极争取政策扶持,加大资金投入,从而使得家庭农场成为一个技术培训和生产实践结合的基地。另外,可以通过邀请专家传授农业技术,传播先进的理论知识,经过实训的优秀学员可以直接进行实际生产操作,如此受训人员不仅能够得到实践机会,还能够通过自己的能力和技能服务于农场,实现规模效益,最终达到以家庭农场促进新型职业农民培育、以新型职业农民培育提高家庭农场效益的双赢局面。

（4）网络培育模式的引入。2015年,"互联网+"被纳入了顶层设计,预示了互联网时代的到来。新型职业农民的培育也必须要跟随时代的步伐,推动利用互联网培育农民的模式。在当今时代,农民需要新的获得信息的途径,而且需要能为农业发展带来便利的互联网技术。而且现今农民也明白了科技的便利,对信息技术也很渴望,也有意愿通过网上培训获取培训资料,这就需要珠三角的政府及时发现农民的需求,建立互联网培育模式。政府要充分利用互联网快速传播的特点,通过各网络媒体包括农业信息网宣传新型职业农民培育,加深广大农民对于培训工作的了解与支持,从而推动农民培训的进行。珠三角培训机构可以利用网络平台,如QQ、微信、微博,建立与学员(农民)之间的联系,方便培训中的技术指导以及培训后期的跟踪服务,这样可以针对不同学员的需求提供个性化的指导，提高后期跟踪服务的效率并降低成本。珠三角的农业部门可以建立论坛等，提供专家交流的平台。同时，整合农业信息，建立农业科技信息资源库，将农民所需要的农产品选种育种、病虫害防治、农业政策等相关技术统一纳入资源库供农民选学，提高农民学习相关知识的效率。相关培训机构应联合软件开发公司，加快开发新型职业农民培育网络课堂app，实现一对一精准教学，让培训更具个性化与智能化，充分激发农民自主学习的积极性，真正让农民足不出户就能有接受培训的机会，真正解决传统农民培训费时费力费钱的问题。珠三角要抓住电子商务的机遇，全区内要加快电子商务村的创建，紧跟潮流，真正让地区农民体会到网络时代的便利。

（三）注重优质师资队伍建设

对于新型职业农民培育来说，教师是其中的重要环节，师资队伍的质量决定了职业农民的培训结果。总体来说，珠三角的政府可以通过共享教师资源、大力吸引人才和改善用人机制三种方式来建设教师队伍。

1. 共享教师资源

培训教师的知识量、见识、实践能力很大程度上决定了新型职业农民培育之后的质量，所以，提升培训质量，就必须要加大对于师资的投入。目前珠三角培训机构的师资力量较为薄弱，但是各个培训机构可以在当地政府的支持下共享人才，共商共建一个可以共享的职业农民培育教师资源库，将各培训机构的教师人才纳入这一体系，实现全地区师资统一管理，这样一方面能够对新型职业农民培育的师资力量进行集中管理，提高效率，另一方面也可以解决师资缺乏问题。管理机构应该对师资库中的教师进行分类，厘清不同教师擅长的技能与领域，包括农业政策法规培训、农业生产技术培训、经营管理理念培训等，这样的归类能够更加合理地运用教师队伍，提高新型职业农民培育的针对性和时效性。因而，在共享、高效率、综合性的教师资源中，珠三角的培训机构能够在其中有针对性地调用师资力量，共享师资，从而促进新型职业农民的培育，利用师资促使农民培育的良性发展，这是一种更加便捷而且有效的方式。

2. 大力吸引人才

除却利用现有的教师资源之外，珠三角也可以面向社会，利用优秀农业人才，调动他们的积极性。例如，招聘高等院校、科研单位甚至龙头企业的一些专家，以及一些虽然非高学历人才，但是有丰富的实践经验、教学经验和一技之长的当地专家。政府可以鼓励他们进入课堂、讲授自己的心得体会，参与新型职业农民培育,一方面可以解决当今市场农业人才缺失的问题,另一方面也能够利用其独有的技能和经验传授知识与实践,完善珠三角师资的结构。珠三角还要努力做好大学生还乡回流的工作,加大政策扶持,加大补贴力度,鼓励大学生到农村参加基层农技培训,从而为珠三角农民培训机构提供新的血液和新的知识,平衡基层培训的年龄层和知识面,让培训队伍既有很多经验丰富的老师,也有一些有农业知识技能和创新想法的年轻人才。

3. 改善用人机制

珠三角应该遵守"有作为才会有职位"的原则,做到有针对性地用人,只有在此岗位上能够取得相对好的成绩才会有稳固的位置,才能得到认可而不被淘汰。珠三角要建立配套的考核制度,可以将培训师的职称评比和津贴补助与考核绩效相联系,避免一些吃经验饭、吃闲饭的现象。此种机制能够在一定程度上调动培训师的积极性和责任心。此外,珠三角政府应该积极开展对于农业技术人员的培育活动,创建继续教育,加快实用人才培养。在培育农业人才过程中,要改善他们的知识结构,提高他们的业务能力,从而壮大农村专业技能人才队伍,从而能够为新型职业农民培育事业做出贡献。

(四)注重新型职业农民培育体系建设

我们不能忽视新型城镇化的时代背景,而空谈农村职业教育的发展与建设,农村职业教育当然要服务于新型城镇化的建设。然而,我们也应该看到我国的新型城镇化,不仅包括现有城镇的进一步集约化、现代化,还包括农村城镇化、农业现代化以及乡村振兴。另外,我们可以看到,在城市化(城镇化)水平很高的西方国家,其农村社会并没有被边缘化,更没有消亡,甚至还出现了"逆城镇化潮流"。因此,现阶段人类社会发展的现实使我们有理由相信,即便将来我国进入城镇化的高级阶段,我国"农村"这一社会形态依然会存在,正因如此,现今国家大力发展的乡村振兴战略,依然需要服务于农村社会发展的农村职业教育。因此,那种"离农""去农"的农村职业教育,并非农村职业教育的应有选择。中华人民共和国成立以来,我国农村职业教育的定位一直存在着"离农""为农"之争。其实,这种争论在新型城镇化进程中已经失去了前提和意义。因为,一方面,农村职业教育既要为农村工业化、信息化,农业现代化培养技术型人才,把有志于农村社会经济建设的青年留在农村;另一方面,也要通过积极开展农村职业教育促进农村富余劳动力的有效转移,帮助农民工市民化。简言之,无论是促进农村富余劳动力顺利转移,还是培养扎根农村、服务农业生产的新型职业农民，在本质上说都是"为农"，都体现了面向农村、服务农村的职业教育精髓，都是新形势下农村职业教育的定位选择。因此，在乡村振兴战略中，我们需要农村职业教育的发展面向农村的社会经济建设、面向农村的现代化建设，建立符合乡村振兴战略的新型职业农民培育体系。

1. 建立和完善资金投入体系

珠三角新型职业农民培育工作中，投入资金少是无法保障培训成果的一个重要因素，也不利于职业农民培育的长远健康发展。但是农业具有公益性、风险性的特点，所以需要政府的政策支持和资金投入，为教育基础设施提供足够的资金，也要为师资队伍的完善提供大量的资金支持。因此，珠三角各政府可以建立和完善新型职业农民培育的资金投入体系，将其纳入财政预算，长期使用。同时，可以创立新型职业农民培育资金"随动机制"，即经费支出跟随每年度培训目标灵活变动，以促进资金的充分利用。另外，还可以专门设立相关基金，促进新型职业农民培育的良性发展。政府投资是一方面，另一方面可以号召龙头企业等社会力量出资，或者和社会金融机构合作，建立起政府、企业和个体之间相联系的多元化投资渠道，从而综合性地推动农民培育工作。据此，形成一个省级专项资金、区级财政拨款加新型职业农民培育专项资金的投入体系，该体系的资金可用于培训机构师资队伍建设、教学设施设备的维护，以及新型职业农民实训基地的相关建设，最终服务于新型职业农民培育。

2. 建立和完善科教体系

根据"分级负责、分层管理、分级教学、明确责任、互相协作"的原则，珠三角各政府可以整合教育资源，形成政府主导的，彼此协调而功能齐备的科教体系。珠三角可以建立以政府为主导、农业局带头、社会各界积极参与的培育机制和以高职院校、农民学校为主体，以农民专业合作社、家庭农场以及农业龙头企业为辅的教育培训体系。目前，珠三角可以着力于农业合作社、家庭农场和龙头企业的审查和选取，筛选出有丰富教育经验和先进的培训手段的机构、合作社、家庭农场给予政策支持和资金投入，相关政府部门可以实时将计划任务合理分配给认定的具有培训资格的合作社、家庭农场及龙头企业，并陆续做好后续的考核工作，最终将其发展为灵活高效、具有示范和带动作用的新型职业农民培育基地。

3. 建立和完善监督体系

当今的珠三角新型职业农民培育缺乏监督、考核、反馈的机制，不利于培育工作的推进。珠三角应该设立新型职业农民培育效果评价指标及监督体系和独立的第三方专业考核机构，而不能仅仅依靠政府部门的监督与考核。监督体系要注重质量，不能仅是对数量或者合格率的考核，可以适度地加入对培训对象后期的跟踪监督、满意度调查和服务进展等内容。政府将上级指标传达给区域新型职业农民培育办公室并监督执行，同时可以为培训机构制定第三方考核标准并进行监督考核，争取做到公平和准确，将工作落到实处。在严格监督考核的同时，也要建立一些激励机制。培训机构如果在质量有保障的情况下可以获取一定量的利润，就会受到激励。之后，政府则可以按照培训质量和后期服务评定培训机构的不同档次，并对优秀者给予奖励，从而形成良性循环。

参考文献

参考文献

[1] 钟小文，区绮云.高职教育服务乡村振兴战略的时代机遇、现实要义与实施路径[J].卫生职业教育，2021，39（18）：20-23.

[2] 谢金辰，祁占勇.高等职业教育服务乡村振兴的经济效益——贡献率与回报率双重视角下的实证研究[J].高等职业教育探索，2022，21（3）：32-40.

[3] 胡彩霞，檀祝平.高职教育赋能乡村振兴的意义、困境及路径[J].职业技术教育，2021，42（28）：68-73.

[4] 王一琛.高职教育"1+X"证书制度对乡村振兴中的作用研究[J].科技资讯，2020，18（35）：149-151.

[5] 吴迪.乡村振兴背景下涉农高职职业教育创新探索[J].核农学报，2022，36（7）：1508.

[6] 张帅，董晓薇，李潘坡.高职教育赋能乡村技能人才振兴培训模式与对策[J].智慧农业导刊，2022，2（5）：97-99.

[7] 钟铃.乡村振兴背景下高职教育面向农村人才培养问题研究[J].湖北开放职业学院学报，2022，35（4）：16-18，21.

[8] 何博.乡村振兴战略背景下高职教育适应性发展研究[J].农村经济与科技，2021，32（24）：327-330.

[9] 唐智彬，王池名.高职教育融入乡村产业的基本框架与现实路径[J].教育发展研究，2021，41（19）：61-69.

[10] 黄汉池.高职扩招百万对接乡村振兴战略协同机制研究[J].内江科技，2020，41（8）：128-129.

[11] 廖立琼.发展高职教育 助力乡村振兴[J].湖南农业，2020（6）：25.

[12] 张政利.乡村振兴战略下高质量农业高职教育的推动与发展探究[J].南方农业，2020，14（5）：139，142.

[13] 宁莹莹.高职院校服务乡村振兴战略的路径探究[J].辽宁高职学报，2021，23（8）：11-14.

[14] 张天喜.乡村振兴战略下高职教育的助农路径研究[J].山西农经，2021（10）：164-165.

[15] 吴丽文，蔡少霖.乡村振兴战略下粤东地区高职教育发展路径研究：以汕尾职业技术学院为例[J].创新创业理论研究与实践，2020，3（16）：80-81.

[16] 刘君.乡村振兴战略下助推广东欠发达地区经济发展的高职教育发展路径探索[J].太原城市职业技术学院学报，2019（9）：4-6.

[17] 熊飞.农业高职教育有效对接乡村振兴战略的路径探析[J].北京农业职业学院学报,2018,32(4):85-89.

[18] 王瑶.职业教育服务乡村振兴战略的创新对策分析[J].山西农经,2022(6):176-178.

[19] 杜倩,谷月.职业教育服务乡村振兴战略研究[J].黑龙江科学,2021,12(23):64-65.

[20] 王彩峰.职业院校服务乡村振兴战略的现状及对策探析[J].农村经济与科技,2021,32(22):267-269.

[21] 周鑫,刘永慧.职业教育服务乡村振兴战略的措施研究[J].乡村科技,2019(12):63-65.

[22] 陈丽娜.高职教育服务"三农"乡村实践探索[J].核农学报,2022,36(5):1075-1076.

[23] 翟惠根.乡村振兴战略下高职教育服务"三农"研究[J].粮食科技与经济,2018,43(3):116-117,120.

[24] 张湘娥.乡村振兴战略背景下高职院校创业教育研究[J].滁州职业技术学院学报,2021,20(4):1-4,10.

[25] 张孟.乡村振兴战略下新时代高职院校发展探究[J].教育与职业,2020(4):41-46.

[26] 沈璐,王涵之,李艺.农业高职院校服务乡村振兴战略问题与路径研究[J].湖北开放职业学院学报,2022,35(10):135-137.

[27] 梁敏敏.高职院校服务乡村振兴战略路径研究[J].淮南职业技术学院学报,2021,21(3):117-119.

[28] 程淑华.乡村振兴战略有机融入高职院校双创教育的路径研究[J].科技与创新,2021(6):142-143,146.

[29] 刘嘉,钟满田.高等职业教育助力乡村振兴:困境与路径:以罗定职业技术学院为例[J].安徽农业科学,2021,49(5):272-274.

[30] 郑传东.高职院校服务乡村振兴战略的实践路径[J].现代农村科技,2020(11):118-120.

[31] 张振华.高职教育服务乡村振兴战略存在的问题及对策研究[J].河南教育(高教),2020(5):16-19.

[32] 陈娟，马国胜.农业高职教育在乡村振兴战略中精准服务的实证分析[J].安徽农业科学，2020，48（3）：280-282.

[33] 常风华.高职高专教育在乡村振兴战略中的作用与作为探讨[J].河南农业，2018（30）：8-9.

[34] 张振华.高职院校助力乡村振兴战略的实践路径与服务模式：以河南省省属高职院校为例[J].河南教育（高等教育），2021（11）：41-43.

[35] 潘翠兰，张珍.构建乡村振兴战略背景下农类高职院校全方位—渗透式爱农教育模式[J].广西教育学院学报，2020（5）：203-206.

[36] 廖远兵.乡村振兴战略下广东欠发达地区职业教育发展路径研究[J].广东技术师范学院学报，2019，40（2）：12-17，24.

[37] 林海龙.融入粤港澳大湾区发展视角下粤东西北高职教育"四位一体"服务乡村振兴的路径选择[J].广东省社会主义学院学报，2021（4）：67-72.

[38] 左芬，陶红.乡村振兴背景下粤北职业教育扶贫的成效、困境及路径[J].职业教育研究，2021（7）：27-32.

[39] 孙洪凤.乡村振兴战略下涉农高职人才培养模式研究：以广东科贸职业学院为例[J].湖州职业技术学院学报，2020，18（3）：74-77.

[40] 郭敏，孙警.区域经济协同：乡村振兴战略背景下地方高职教育创新策略研究：以广东揭阳市为例[J].新疆职业大学学报，2020，28（1）：24-28.

[41] 陶红，董婷婷.乡村振兴战略下粤西地区高职院校专业链精准对接产业链的研究[J].职业技术教育，2019，40（14）：22-27.

[42] 廖远兵.地方高职院校继续教育如何服务乡村振兴战略：以广东河源职业技术学院为例[J].高等继续教育学报，2018，31（4）：34-37.

[43] 王明伦.高等职业教育发展论[M].北京：教育科学出版社，2004.

[44] 肖化移.审视高等职业教育的质量与标准[M].上海：华东师范大学出版社，2006.

[45] 杨海燕.城市化进程中的职业教育发展研究[D].北京：北京师范大学，2006.

[46] 麦强盛.论广东省高等职业教育现状与未来[J].现代企业教育，2011（4）：24-25.

[47] 张伟，田青.整合与扩展：从环境教育到可持续发展教育[M].北京：学苑出版社，2002.

[48] 丘树宏.珠三角地区新农村建设的十大"硬伤"[J].粤海风,2007(3):48-51.

[49] 崔国富.新农村与城镇化建设视域下农村教育综合改革研究[M].北京:中国文史出版社,2014.

[50] 王学翠.社会主义新农村建设中存在的主要问题、成因与对策研究:以山东省曲阜市尼山镇新农村建设情况为例[D].武汉:华中师范大学,2014.

[51] 李英杰.中原经济区发展报告:2014[M].北京:社会科学文献出版社,2014.

[52] 陈祝林,徐朔,王建初.职教师资培养的国际比较[M].上海:同济大学出版社,2004.

[53] 吴雪萍.国际职业技术教育研究[M].杭州:浙江大学出版社,2004.

[54] 张海涛.乡村振兴战略中新型农民培育长效机制研究:以江西为例[J].职教论坛,2010(10):26-29,35.

[55] 彭干梓.农村职业技术教育概论[M].北京:农业出版社,1993.

[56] 李律玮.农民参与农业职业培训的影响因素研究:基于无锡市阳山镇的调研分析[J].江西农业学报,2012,24(11):149-154.

[57] 刘芳,王琛,何忠伟.北京新型农民科技培训的需求及影响因素的实证研究[J].农业技术经济,2010(6):61-66.

[58] 翟年祥,项光勤.城市化进程中失地农民就业的制约因素及其政策支持[J].中国行政管理,2012(2):50-53.

[59] 马戎,龙山.中国农村教育问题研究[M].福州:福建教育出版社,2000.

[60] 谭璐.新型城镇化发展中的新型农民培训研究[J].职教论坛,2015(19):56-62.

[61] 王桂新,陈冠春,魏星.城市农民工市民化意愿影响因素考察:以上海市为例[J].人口与发展,2010,16(2):2-11.

[62] 王文新,钱素文.农民科技教育培训存在的问题及对策[J].现代农业科技,2011(20):391-392,395.

[63] 谢鹏飞,张崇智,王启兰.加强农民科技教育培训促进农村经济发展[J].农民致富之友,2015(7):6,90.

[64] 朱启臻.中国农民职业技术教育研究[M].北京:中国农业出版社,2003.

[65] 李凤兰.湖北民族地区职业教育现状分析与发展对策研究[D].武汉:华中农业大学,2010.

[66] 于玲玲. 新农村建设背景下中等农业职业教育发展对策研究 [D]. 秦皇岛：河北科技师范学院，2012.

[67] 穆时洪. 滨海乡镇新农村建设研究：基于宁波市鄞州区新农村建设管理实践 [D]. 杭州：浙江工业大学，2013.

[68] 岳智勇. 四川藏区"9+3"免费职业教育政策的可行性研究 [D]. 成都：电子科技大学，2012.

[69] 徐学. 基于新农村建设的农村职业教育发展对策研究：以平江县为个案 [D]. 长沙：湖南师范大学，2010.

[70] 夏学文. 职业教育服务新农村建设的现状及对策研究 [D]. 武汉：华中农业大学，2009.

[71] 吴琼. 新农村建设中农村职业教育的中韩比较研究 [D]. 长春：东北师范大学，2008.

[72] 朱庆峰. 新农村建设视角下苏北农民职业教育体系建构研究 [D]. 南京：南京师范大学，2008.

[73] 刘厚军. 面向农村的职业教育体制机制研究 [D]. 荆州：长江大学，2012.

[74] 王娇娜. 新农村建设背景下农村职业教育发展的对策研究：以山西省保德县为例 [D]. 秦皇岛：河北科技师范学院，2014.

[75] 衡振华. 新疆地区农村中等职业教育发展研究 [D]. 北京：北京林业大学，2014.

[76] 刘红英. 中等职业学校"订单式教育"现状及对策研究 [D]. 兰州：西北师范大学，2005.

[77] 王勇辉，等. 农村城镇化与城乡统筹的国际比较 [M]. 北京：中国社会科学出版社，2011.

[78] 廖旺荣. 高等职业教育服务社会主义新农村建设的思考 [J]. 桂林航天工业高等专科学校学报，2010（3）：366-367，379.

[79] 方小斌，叶玲. 高等职业教育服务社会主义新农村建设定位的思考 [J]. 长沙铁道学院学报（社会科学版），2007，8（4）：197-199.

[80] 孙冬喆. 中国学分银行制度建设研究 [D]. 上海：华东师范大学，2014.

[81] 陈海燕. 以史为鉴 古为今用：读《黄炎培教育论著选》有感 [J]. 职教论坛，2007（3）：59-64.

[82] 刘云博，白华. 新型城镇化进程中农村教育的问题与对策 [J]. 长安大学学报（社会科学版），2015，17（3）：109-113.

[83] 吴春,朱美玲.城市化进程中失地农民就业问题探讨[J].新疆财经大学学报,2012(1):12-15.

[84] 蔡永鸿,薄识宇.新型城镇化下的农村职业教育的展望[J].中国市场,2016(4):203-204.

[85] 唐梅芝.新型城镇化背景下农村职业教育发展的挑战与未来[J].成人教育,2016,32(2):84-86.

[86] 袁帅,叶明月,杨春燕,等.新生代农民工就业取向及其影响因素分析:以江苏省扬州市为例[J].农村经济与科技,2012,23(6):41-44.

[87] 庄西真.职业教育供给侧结构性困境的时代表征[J].教育发展研究,2016,36(9):71-78.

[88] 李政.职业教育供给侧结构性改革的现实之需[J].教育发展研究,2016,36(9):65-70.

[89] 唐智彬,石伟平.比较视野中的农村职业教育策略选择[J].中国职业技术教育,2010(27):53-57.

[90] 唐献玲.农业产业转型升级中新型职业农民培育的思考[J].农业经济,2016(1):54.

[91] 张桃林.培育新型职业农民将伴随农业现代化发展全过程[J].农民科技培训,2012(5):4-7.

[92] 盛子强.新型职业农民培养的现实需求与发展思路[J].中国职业技术教育,2014(20):81-85.

[93] 任聪敏,石伟平.城镇化进程中农村职业教育的新型定位与发展策略[J].教育发展研究,2013,33(23):53-57.

[94] 周栋良.职业教育"厂校一体"校企合作模式的实践探索:以湖南湘菜学院为例[J].无锡商业职业技术学院学报,2015,15(16):66-69.

[95] 高原,陈海涛,闫秀清.论发达国家农业职业教育体系[J].河北科技师范学院学报(社会科学版),2005(4):57-59,70.

[96] 苏华.发展现代农业职业教育推动建设"人的新农村"[N].人民日报,2015-03-18(20).

[97] 林克松,石伟平.改革语境下的职业教育研究:近年中国职业教育研究前沿与热点问题分析[J].教育研究,2015,36(5):89-97.

[98] 张胜军,马建富.城镇化进程中的农村职业教育三问[J].教育发展研究,2016,36(11):61-65.

[99] 陈杨,李延平.以农民为本的农村职业教育探讨:基于职业教育本质属性的视角[J].职业教育研究,2015(10):5-8.

附 录

高职教育服务珠三角乡村振兴战略调查问卷

女士/先生：

您好！

首先感谢您对本调查的支持！本课题组拟通过对珠三角乡村振兴战略的有关情况进行调查，以更好地促进广东省高职教育为珠三角乡村振兴战略服务，为当地教育行政部门和高职院校提供数据支撑和实践依据。您的回答无所谓对错，只要真实反映您的情况与看法，就达到了这次调查的目的。我们对您的回答完全保密，期待您的积极参与！

东莞职业技术学院课题调查组

填写要求：

（1）请您在所选择答案的序号上画√。

（2）除特殊说明外，每个题只能选择一个答案。

（3）需填写的内容请在留出的横线上填写。

一、基本情况

1. 您的户籍所在地：＿＿市＿＿镇＿＿村。

2. 您的性别：

A.男　B.女

3. 您的年龄属于下列哪个年龄段？

A.17岁及以下　B.18～30岁

C.31～60岁　D.61岁及以上

4. 您的学历为：

A.小学及以下　B.初中　C.高中（中专）

D.大学　E.研究生及以上

5. 您目前从事的劳动大致属于以下哪个行业？

A.农业　B.工业　C.服务业　D.无业

6. 您的家庭年总收入约为____万元，其中农业收入约占____成。

7. 您所在村村民的家庭经济来源：

A. 主要来源于农产业　B. 主要来源于非农产业　C. 两者相当

8. 你们村的农产业主要以哪方面为主？

A. 种植业　B. 水产业　C. 牧业　D. 农产品加工业

9. 你们村的非农产业主要以哪个方面为主？

A. 工业　B. 建筑业　C. 交通运输业　D. 批发贸易业

E. 餐饮业和服务业　F. 林业

10. 你们村的工业主要以哪个行业为主？

A. 食品、饮料制造业　B. 纺织服装、鞋、帽、皮革制品业

C. 木器、家具制造业　D. 造纸、印刷、文体用品业

E. 医药、化学制品业　F. 冶炼矿物加工业

G. 机械、汽车、设备制造业

H. 通信设备、计算机及其他电子设备制造业

I. 工艺品及其他制造业

二、高职教育服务乡村振兴战略的现状

11. 目前贵村户籍人口中接受过高职教育的人口比例约为____%，其中回本村工作的占：

A. 大部分　B. 一半左右　C. 小部分

12. 这些接受过高职教育的人从事的工作是否与其所学专业对口？

A. 完全对口　B. 基本对口　C. 不太对口　D. 完全不对口

13. 您所在的村或村办企业是否与高职院校开展过合作项目？

A. 有　B. 没有

如果有，主要是：

A. 为高职院校学生提供实习基地　B. 与高职院校合作开展研发项目

C. 为本村村民提供培训

14. 您认为，目前高职教育对本村的影响程度如何？

A. 很大　B. 较大　C. 一般　D. 较小　E. 几乎没有

15. 您认为，高职教育对本村的影响主要体现在哪方面？

A. 农村经济发展　B. 乡风文明改善　C. 政治民主推进　D. 其他

16. 您希望高职教育对本村哪一方面有突出影响?

A.农村经济发展 B.乡风文明改善 C.政治民主推进 D.其他

17. 您所在的村有高职院校提供的培训机会吗?

A.有 B.没有 C.不清楚

三、对高职教育的认知和评价

18. 您对当地的高职教育的了解程度如何?

A.十分了解 B.比较了解 C.一般

D.不太了解 E.完全不了解

19. 以下观点,您的态度是:(在您的选择下面画√)

项目	非常赞同	比较赞同	说不清	不太赞同	很不赞同
办不成好高校的学校,才办成高职院校					
留不了普通高校的教师,才到高职院校任教					
考不上本科学校的学生,才到高职院校就读					

20. 请您对高职院校在以下方面能否适应本市乡村振兴发展的需要做出评价。(在您做出的选择下面画√)

评价项目	能	一般	不能
高职院校的办学方向			
高职院校的服务农村意识			
高职院校的教师素质			
高职院校的教学方式			
高职院校的教学内容			
高职院校的毕业学生			

21. 您对当前高职院校服务当地乡村振兴战略的现状满意吗?

A.满意 B.不满意

22. 您对将来高职院校更好地服务当地乡村振兴战略有信心吗?

A. 有信心   B. 没信心

23. 您(将来)愿意让您的子女上高职院校学习吗?

A. 愿意   B. 不愿意

24. 您(将来)愿意您接受过高职教育的子女回村发展吗?

A. 愿意   B. 不愿意

四、对高职教育的需求

25. 如果有接受职业教育的机会,您愿意参加吗?

A. 愿意   B. 一般   C. 不愿意

26. 您想接受教育培训的内容是:

A. 农业技术课程   B. 工业技术课程

C. 文化修养课程   D. 市场营销、管理类课程

27. 您想参加教育培训的方式是:

A. 到学校集中培训   B. 高职教师到村培训

C. 电视广播网络学习   D. 函授   E. 其他

28. 您愿意参加教育培训的时间是:

A. 1～3天   B. 4～7天   C. 8～10天   D. 11～15天

E. 16～30天   F. 1个月以上

29. 您认为政府在促进高职教育服务农村建设方面应该如何做?(可多选)

A. 提供资金   B. 提供政策支持   C. 建立培训机构等基础设施

D. 畅通信息网络   E. 其他(请说明)

30. 为更好服务乡村振兴战略,您认为高职院校在如下哪些方面应改革?(可多选)

A. 开设相关专业   B. 改进教学方式

C. 增加相应的课程设置   D. 增强学生的农村意识

31. 您认为高职院校服务乡村振兴战略的主要任务有?(可多选)

A. 为当地居民提供职业教育(培训)

B. 为乡村振兴战略提供优质人才

C. 与农村开展研发项目合作

D. 为农村和乡镇企业提供科技服务

32. 您所在村是否期待引进高职院校毕业生？

A.是　B.否　C.无所谓

33. 您所在村建设对高职教育的人才需求情况？

A.需求很多　B.需求较多　C.一般

D.需求较少　E.不太了解

34. 以下哪一类专业人才为您所在村、镇今后发展所急需的？

A.农学技术类　B.工业技术类　C.经济管理类　D.教育类

E.文学艺术类 F.其他（请说明）

35. 您认为高职学生参与乡村振兴战略，在专业能力上最需要：

A.专业技能　B.专业知识　C.专业实践能力　D.综合应用能力

36. 你认为高职学生在参与乡村振兴战略时，以下素质的重要程度如何？（请在对应格画√）

项目	非常重要	比较重要	一般重要	不太重要	很不重要
学好专业知识和专业技能					
树立为农村服务的思想					
掌握相关政策					
了解农村现状					
参与生产实践，培养动手能力					
与农民交朋友，培养爱心					
培养吃苦耐劳的精神					
参与社会实践活动，培养组织能力					

再次感谢您的支持与合作!

祝您身体健康，事业顺利!